SAVOIR
NÉGOCIER

TIM HINDLE

D0993636

MANGO PRATIQUE

Un livre de Dorling Kindersley

Première édition en Grande-Bretagne en 1998 par
Dorling Kindersley Limited
9 Henrietta Street, Londres

© 1998 Mango Pratique pour la langue française
Dépôt légal : septembre 1998
Traduction et adaptation : Muriel Leroux
Composition, mise en pages : Studio Michel Pluvinage
Imprimé en Italie

ISBN 2 84270 104 6

MANGO PRATIQUE

SOMMAIRE

CONDUIRE
UNE NÉGOCIATION

CLORE
UNE NÉGOCIATION

INTRODUCTION

La négociation suppose que plusieurs parties, détenant chacune un élément convoité par les autres, trouvent un accord d'échange. Savoir négocier explique ce principe et vous permet d'acquérir les capacités et l'assurance nécessaires pour conduire des négociations et parvenir à un accord. Cet ouvrage, dont la présentation facilite l'accès aux informations, dispense 101 trucs et conseils et couvre l'intégralité de ce processus. Destiné tant aux novices qu'aux négociateurs confirmés, il fournit des informations essentielles sur l'élaboration d'une stratégie, l'art et la manière de faire des concessions et d'agir en cas de rupture des négociations, et explique comment sortir d'une impasse grâce à un tiers.

PRÉPARER UNE NÉGOCIATION

Pour réussir une négociation, vous devez établir un plan d'action,
c'est-à-dire déterminer quel est votre but et trouver une stratégie
pour y parvenir. La meilleure garantie de réussite
de votre plan d'action est une préparation minutieuse.

QU'EST-CE QU'UNE NÉGOCIATION ?

*Lorsqu'une personne détient une chose
convoitée par une autre et qu'un
marchandage s'engage, c'est une
négociation. Vous négociez souvent, avec les
membres de votre famille, avec des
commerçants et sur votre lieu de travail.*

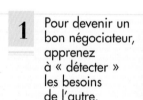

1 Pour devenir un
bon négociateur,
apprenez
à « détecter »
les besoins
de l'autre.

2 N'oubliez pas
qu'un bon
négociateur
n'est jamais
trop préparé.

COMPRENDRE LES PRINCIPES

À l'issue d'une négociation réussie,
c'est-à-dire conclue par l'accord mutuel de
deux personnes, il n'y a ni gagnant ni perdant.
C'est un processus qui vise à une conclusion
satisfaisante (gagnant/gagnant) ou à un échec
(perdant/perdant) pour les deux parties.
L'art de la négociation consiste à trouver
un accord qui convient à toutes les parties
impliquées. Pour parvenir à ce résultat, vous
devez bien vous préparer et garder l'esprit
vif et ouvert.

DÉTERMINER LES QUALITÉS REQUISES

Savoir négocier est une qualité accessible à tous et que vous pouvez exercer en permanence. Un bon négociateur doit savoir :

- définir ses objectifs et se garder une marge de manœuvre ;
- explorer toutes les possibilités offertes ;
- bien se préparer ;
- écouter les autres et les questionner ;
- affecter des priorités à ses objectifs.

Ces qualités de négociateur sont également précieuses dans la vie courante. Prenez le temps de les développer, vous en retirerez bien plus que des capacités à négocier.

3 Imaginez d'abord les gains possibles et non les pertes.

4 Négociez dès que possible afin d'évaluer vos compétences et de les améliorer.

▼ OBSERVER UNE NÉGOCIATION

Au début d'une négociation commerciale, deux équipes sont assemblées autour d'une table. Observez comment chaque membre de l'équipe soutient ses partenaires par le langage du corps.

ÉQUIPE A

Tête inclinée vers son partenaire

ÉQUIPE B

Corps penché vers son partenaire

Contact permanent du regard avec son partenaire

7

CLASSER LES NÉGOCIATIONS PAR CATÉGORIES

Chaque type de négociation requiert des compétences propres. Dans le monde des affaires et du commerce, chaque type de négociation a ses caractéristiques spécifiques. Selon les personnes impliquées, il s'agit d'une négociation formelle ou informelle, qui se poursuit ou exceptionnelle. Les diverses parties impliquées (employés, direction, actionnaires, syndicats, fournisseurs, client et État) ont toutes des intérêts et des points de vue différents. Quel que soit le groupe auquel vous appartenez, vous devez négocier pour dégager un consensus au-delà de ces antagonismes.

5 Soyez prêt à faire des compromis lorsque vous négociez.

6 Déterminez votre stratégie en fonction du type de négociation à mener.

TYPES DE NÉGOCIATION EN ENTREPRISE

TYPE	EXEMPLES	PARTIES IMPLIQUÉES
AU JOUR LE JOUR AU NIVEAU DE LA DIRECTION Ces négociations portent sur des problèmes internes et sur les relations entre employés.	● Prendre des dispositions sur les salaires et l'emploi. ● Définir des rôles et des domaines de responsabilité. ● Accroître la production *via*, des heures supplémentaires.	● Direction ● Subordonnés ● Collègues ● Syndicats ● Conseillers juridiques
COMMERCIALE Ces négociations, qui s'établissent entre une entreprise et un élément externe, ont généralement pour principal objectif un accord financier.	● Négocier un contrat de service auprès de clients. ● Planifier la livraison de produits et services. ● Trouver un accord sur la qualité et le prix de produits.	● Direction ● Fournisseurs ● Clients ● Gouvernement ● Syndicats ● Conseillers juridiques
JURIDIQUE Ces négociations, généralement officielles, lient les partie engagées. Solder un passif suscite parfois autant de discussions que l'objet principal de la négociation.	● Se conformer aux règlements locaux et nationaux en matière d'urbanisme. ● Communiquer avec des organismes de contrôle.	● Collectivités locales ● État ● Régulateurs ● Direction

MANDATER DES REPRÉSENTANTS

John F. Kennedy, Président des États-Unis, a dit un jour : « Ne négociez jamais sans peur, mais n'ayez jamais peur de négocier. » Si vous êtes réticent à négocier, par manque de pratique, vous pouvez trouver une personne qui le fera pour vous. Cette personne est le « mandataire » auquel le « mandant » qui les emploie, en l'occurrence vous-même, confie la responsabilité d'une négociation donnée. L'ampleur des responsabilités données au mandataire doit toujours être clairement définie avant le début des négociations. Les représentants syndicaux, qui négocient pour le compte des salariés, et les juristes, qui négocient souvent pour le compte de diverses personnes ayant des intérêts dans une entreprise, telles que direction, actionnaires ou clients, sont les exemples les plus courants de mandataires que vous puissiez rencontrer dans le cadre du travail.

7 Définissez très clairement les responsabilités d'un mandataire.

POINTS À RETENIR

- Lorsque vous négociez, vous devez savoir sur quels points vous êtes prêt à céder et sur lesquels vous ne l'êtes pas.
- L'objet d'une négociation doit être préalablement défini et intangible.
- Toute négociation implique d'accepter des concessions.
- Tout ce qui vous concerne en tant que négociateur concerne également celui avec lequel vous négociez.

NÉGOCIER DE MANIÈRE INFORMELLE DANS LA VIE COURANTE

Les situations familiales impliquent souvent une négociation. Par exemple, vous pouvez accepter de conduire les enfants de vos voisins à l'école tous les lundis et jeudis s'ils y conduisent les vôtres les mardis et vendredis, avec alternance pour les samedis. Parfois, un accord doit être renégocié. Par exemple, si vous avez marchandé un vase sur un marché, vous pouvez renégocier pour baisser encore le prix si vous décidez d'acheter plusieurs vases. Lorsque vous faites une offre pour l'achat d'une maison, vous pouvez être amené à monter votre prix et à renégocier les termes de l'achat si quelqu'un d'autre se porte acquéreur.

▲ **NÉGOCIER AVEC UN MANDATAIRE**
Si vous envisagez d'acheter une maison, vous devrez discuter des termes et des conditions d'achat avec un mandataire qui défend les intérêts du vendeur.

COMPRENDRE LE PRINCIPE DE L'ÉCHANGE

Si tous les processus (préparation, proposition, discussion, marchandage et conclusion) sont bien compris et appliqués, une négociation peut avoir une issue heureuse pour toutes les parties impliquées. Ces processus sont régis par le principe de l'échange : vous devez donner pour recevoir.

> **8** Déterminez clairement vos priorités et les compromis que vous êtes prêt à accepter.

ÉTAPES DE NÉGOCIATION

Préparation

Proposition

Discussion

Marchandage

Conclusion

PARTAGER LA VICTOIRE

Le secret d'une bonne négociation est de comprendre que toute concession doit être compensée par un bénéfice. C'est la seule façon de permettre à chacun de sortir gagnant. Pour y parvenir, vous devez comprendre que l'important pour vous ne l'est pas obligatoirement pour l'autre. Dans une compétition sportive, la victoire étant le but ultime pour tous, si l'un gagne, l'autre perd, mais lors de négociations, la victoire peut se partager. Des représentants syndicaux qui négocient avec la direction d'une entreprise peuvent, par exemple, obtenir une augmentation de salaire pour les employés tandis que la direction obtient parallèlement la garantie d'une meilleure productivité.

DIFFÉRENCES CULTURELLES

Les négociations s'effectuent très différemment selon les cultures. Par exemple, les Européens et les Américains sont souvent un peu déroutés et embarrassés face à la réticence des Japonais à s'engager dans une confrontation ouverte. Pour leur part, les Japonais considèrent que des affirmations et des points de vue catégoriques manquent de subtilité et ne favorisent pas les compromis.

ÊTRE SOUPLE

La souplesse d'esprit est une qualité essentielle autour d'une table de négociation. L'équilibre des forces fluctue à mesure que les négociations progressent. Par exemple, si vous marchandez pour acheter un souvenir, votre enthousiasme retombe lorsque vous découvrez que le vendeur ne peut pas vous livrer ; vous devrez emporter avec vous tout ce que vous achetez. Le vendeur doit être capable de déceler très vite toute perte d'intérêt et, dans ce cas précis, vous pouvez espérer qu'il compense votre déception par une baisse de prix pour regagner votre intérêt.

9 Soyez souple ; c'est un signe de force et non de faiblesse.

10 Si vous concluez à la hâte, vous risquez de le regretter ensuite.

ÉTUDE DE CAS

Pascal, architecte exerçant en libéral, était sans travail lorsque Stéphane, promoteur immobilier, lui a demandé de tracer les plans d'un magasin à édifier sur un site prestigieux.
Pascal a accepté et Stéphane, voyant que Pascal était enthousiasmé par le projet, lui a offert la moitié de son tarif habituel. Pascal a d'abord refusé, puis a finalement accepté à soixante pour cent de son tarif habituel. C'était un travail sans intérêt, ennuyeux et très long. Il semblait évident que Stéphane avait gagné et Pascal perdu. Quelques semaines plus tard, Pascal a décroché un gros contrat et a commencé à se sentir frustré du travail proposé par Stéphane. Il le poursuivait à la hâte, en fin de journée, lorsqu'il était fatigué.
Une fois le bâtiment édifié, des problèmes techniques, probablement liés aux efforts mitigés de Pascal, sont apparus. Stéphane a essayé sans succès de réparer à l'économie. Les clients ne se bousculaient pas et il a dû fermer le magasin au bout de trois ans.

◀ **ÉCHANGE INFRUCTUEUX**

Dans ce cas, les négociations ont apparemment débuté avec un gagnant et un perdant. Mais, au fil du temps, les positions se sont inversées et Pascal, le supposé perdant, a pris l'avantage, tandis que Stéphane, le présumé gagnant, s'est aperçu qu'il avait fait une erreur très coûteuse en essayant au départ de faire des économies.

NÉGOCIER UN ÉCHANGE ÉQUITABLE ▶

Dans ce cas, les deux parties peuvent considérer qu'elles ont gagné. Jean, sachant que l'éditeur de logiciels ne débloquerait plus un centime, décida de conclure une alliance. Les deux parties ont atteint leur but, c'est-à-dire réduire leurs pertes en cas d'échec et augmenter leurs bénéfices en cas de succès.

ÉTUDE DE CAS

Jean, concepteur de logiciels, formait l'idée d'un nouveau jeu informatique dont le succès lui semblait assuré. Mais le développer serait long et il lui fallait subsister.
Il a rencontré son amie Marie, cadre dans une grande entreprise informatique.
Marie et ses collègues ont aimé l'idée mais n'ont offert que 50 000 F à Jean. Il leur a expliqué qu'il lui faudrait neuf mois pour développer le jeu et que même si ces 50 000 F lui permettaient de survivre, ce n'était pas une récompense suffisante.
Il a suggéré que cette somme soit considérée comme une avance sur les futurs bénéfices à partager sur la base 25/75 entre lui et l'entreprise. Un accord de partage à 20/80 a finalement été conclu. Le jeu, lancé à grand coup de publicité, est devenu un énorme succès qui a rapporté beaucoup d'argent aux deux parties.

IDENTIFIER SES OBJECTIFS

La première étape d'une négociation consiste à identifier tous ses objectifs. Que souhaitez-vous obtenir ? Lorsque vous le savez, vous pouvez élaborer une stratégie pour arriver à ce but.

11 Dressez la liste de tous vos objectifs, puis classez-les par ordre de priorité.

CLARIFIER SES OBJECTIFS

12 Listez les points intangibles et ceux sur lesquels vous pourrez éventuellement céder.

Il est rare qu'une négociation n'ait qu'un seul objectif. Par exemple, lorsque vous envisagez d'acheter un jeu d'échecs à l'étranger, de le payer par carte de crédit, puis de le rapporter chez vous sans payer de droits de douanes, l'achat n'est pas votre seul objectif. De même, des syndicats qui négocient une augmentation de salaire peuvent aussi essayer de réduire le nombre d'heures supplémentaires ou d'augmenter le taux horaire du travail effectué le week-end. Avant de lancer une négociation, dressez la liste de tous vos objectifs, puis classez-les par ordre de priorité et identifiez ceux qui ne sont pas impératifs. Au moment de faire des compromis, vous saurez quels objectifs vous pouvez abandonner en premier.

13 Formulez chaque objectif en une phrase.

AFFECTER DES PRIORITÉS DIFFÉRENTES		
POUR L'ENTREPRISE	PRIORITÉ	POUR LE FOURNISSE
Prix	1	Qualité
Délais	2	Prix
Qualité	3	Délais
Quantité	4	Quantité

CLASSER SES OBJECTIFS

Classez vos objectifs en trois groupes :
● idéal ;
● réaliste ;
● minimum à atteindre pour considérer que la négociation n'est pas un échec.

Attribuez une valeur à chaque objectif. Par exemple, si l'achat du jeu d'échecs est votre principal objectif, attribuez-lui la valeur 10. Si payer par carte de crédit est un objectif que vous pouvez abandonner, attribuez-lui la valeur de 2 uniquement. Et si trouver un jeu en marbre n'est pas crucial mais relativement important, donnez-lui la valeur 7. Noter vos priorités de cette manière vous permettra de bien choisir vos compromis.

14 Avant de lancer une négociation, abandonnez tout objectif non réaliste.

DÉTERMINER DES ▶
PRIORITÉS

Pour Julien, un plan de retraite décent était l'aspect le plus important du poste. Pour la bibliothèque des Grandes Technologies universelles, les frais et les inconvénients du changement de caisse de retraite prédominaient sur l'avantage de recruter une personne de valeur.

ÉTUDE DE CAS

Julien était sur le point d'accepter un poste à la bibliothèque des Grandes Technologies universelles qui lui offrait un salaire évolutif et la possibilité de déménager. En revanche, GTU lui signifiait, sans explication, qu'il ne pouvait intégrer le plan de retraite de la société, mais qu'ils étaient prêts à verser l'équivalent dans tout plan de retraite que Julien souscrirait. Renseignements pris auprès d'un comptable, Julien s'est aperçu que souscrire à un nouveau plan de retraite ne lui serait pas favorable. Pensant que GTU serait accommodant, il a insisté pour être intégré à leur plan de retraite. GTU a retiré sa proposition de travail arguant que l'intégration de Julien au plan de retraite actuel obligerait à revoir le plan pour tous les employés de la société et qu'ils n'étaient pas prêts à le faire pour le moment. La négociation a échoué car GTU n'avait pas exposé le problème dans son ensemble.

DISTINGUER LES SOUHAITS DES BESOINS

Savoir distinguer les « souhaits » des « besoins » peut vous aider à attribuer une valeur à vos objectifs. Vous devez faire une distinction entre votre souhait de remplacer votre vieux téléphone par un appareil ultra-sophistiqué doté d'une multitude de fonctions et le besoin de remplacer le disque dur de votre ordinateur s'il est irrémédiablement endommagé. En fait, vous souhaitez un nouveau téléphone, alors que ce n'est pas absolument nécessaire. Ce dont vous avez besoin, c'est d'un nouveau disque dur. Vous devez bien saisir cette subtilité pour différencier les souhaits et les besoins de votre interlocuteur lorsque vous êtes autour d'une table de négociation.

SE PRÉPARER

Préparer une négociation sérieuse implique une recherche minutieuse. Vous devez trouver toutes les informations susceptibles d'appuyer vos objectifs et repérer celles qui vous aideront à déstabiliser la partie adverse.

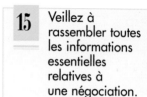

15 Veillez à rassembler toutes les informations essentielles relatives à une négociation.

POINTS À RETENIR

- Une fausse information est plus préjudiciable qu'un manque d'information.
- Le bilan annuel d'une entreprise regorge d'informations utiles.
- Vos interlocuteurs disposent eux aussi d'informations.
- Un afflux de chiffres risque simplement de semer la confusion.
- Développer des filières d'accès aux informations est toujours utile, dans l'immédiat ou ultérieurement.

BIEN EMPLOYER SON TEMPS DE PRÉPARATION

Une bonne préparation demande du temps employé de façon constructive. Prévoyez assez de temps pour une recherche minutieuse. Vous devez trouver des chiffres et des études de cas pour étayer votre dossier et découvrir la personnalité de ceux avec lesquels vous négocierez. Enregistrez bien ces informations et utilisez-les de manière tactique. Par exemple, évitez de noyer sous les chiffres une personne connue pour ses échecs répétés aux examens de maths, sauf si votre but est de la déstabiliser.

RASSEMBLER DES INFORMATIONS

Bien employer son temps consiste aussi à rassembler des informations précises sur les personnes avec lesquelles vous traiterez et sur leurs activités. Documents papier et bases de données informatiques sont d'excellentes sources. Rendez-vous dans une bibliothèque, effectuez des recherches sur Internet, discutez avec des gens qui connaissent vos interlocuteurs. Consultez les rapports annuels de l'entreprise, les études de marché et la presse. Vous récolterez ainsi des arguments pour soutenir votre cause, mais assurez-vous de l'exactitude des informations.

▲ **RASSEMBLER DES DOCUMENTS**
Classez vos données de façon à y accéder facilement. Photocopiez les pages essentielles et repérez, à l'aide de couleurs, les points importants.

DÉVELOPPER UNE LOGIQUE

Après avoir rassemblé une foule d'informations, commencez à développer une logique que vous appliquerez de l'une des manières suivantes :

● Déductive – conclusion précédée d'une série d'hypothèses. Par exemple, « Je suis actionnaire de Grandes Technologies universelles. GTU versera ce trimestre un dividende de 0,7 pour cent par action. Je recevrai ce trimestre un dividende de 0,7 pour cent par action. »

● Inductive – conclusion tirée d'exemples fondés sur l'expérience. Par exemple, « Chaque fois que quelqu'un est nommé vice-président de GTU, son salaire augmente. Je suis nommé vice-président, donc mon salaire va augmenter. » Si l'augmentation de salaire ne s'est pas confirmée au moins une fois, la logique est invalidée.

16 Assistez en tant qu'observateur à des négociations conduites par d'autres.

17 Apprenez des tactiques en lisant les biographies de négociateurs réputés.

ANTICIPER LES ORIENTATIONS POSSIBLES D'UNE NÉGOCIATION

ANALYSER LA PARTIE ADVERSE

Lorsque vous préparez votre dossier, vous devez évaluer les forces et les faiblesses de la partie adverse et vous renseigner sur les antécédents de ses négociateurs.

18 Discutez avec des gens qui connaissent l'autre partie impliquée dans les négociations.

QUESTIONS À SE POSER

Q Vos adversaires sont-ils des négociateurs expérimentés ?

Q Y a-t-il des divergences d'opinions dans leur équipe ?

Q Disposent-ils des connaissances et des informations requises pour atteindre leur objectif ?

Q Ont-ils le pouvoir et l'autorité nécessaires pour atteindre leur objectif ?

Q Font-ils l'objet d'une pression qui les oblige à régler rapidement le problème ?

ANALYSER SON DOSSIER

Étudiez à fond, c'est-à-dire sous tous ses aspects, le dossier de la partie adverse. Vous y trouverez des points forts et des points faibles. Votre but sera d'exploiter ces faiblesses pour l'ébranler.

Même si votre adversaire dispose d'une solide argumentation logique, vous pouvez le contrer par une objection morale. Par exemple, si un centre de pisciculture veut utiliser un nouveau type d'aliment qui permet d'accélérer de quinze pour cent la croissance des poissons, renseignez-vous sur les répercussions d'une prise de poids aussi rapide. Il est possible que des recherches aient démontré que l'aliment ramollit les arêtes au point que les poissons ne peuvent presque plus nager.

ÉVALUER SES FORCES

Une négociation est un processus qui amène les parties impliquées à converger progressivement vers un accord ou un compromis. Vous devez déterminer le point de départ et les forces de la partie adverse. A-t-elle une solide argumentation ? Est-elle logique ? Est-elle moralement acceptable ? Dispose-t-elle d'un négociateur chevronné ? Après avoir évalué les points forts de la partie adverse, essayez de déterminer ses orientations probables lorsque vous commencerez à marchander. Quelle est sa marge de manœuvre ? Aurait-elle intérêt à provoquer un ajournement des négociations, par exemple, pour consulter une autorité supérieure ?

19 Gardez à l'esprit que la partie adverse peut avoir des intentions cachées.

IDENTIFIER SES OBJECTIFS

Comme vous avez identifié vos objectifs, essayez d'identifier ceux de la partie adverse. Dressez la liste de leurs objectifs supposés et de leurs priorités. Classez ces objectifs en forte, moyenne et faible priorité. Mais n'oubliez surtout pas que ce ne sont que des suppositions et que vous devrez les confirmer par l'observation lors des négociations.

DEVINER LES OBJECTIFS DE LA PARTIE ADVERSE

FORTE PRIORITÉ
Objectifs que la partie adverse veut certainement atteindre.

MOYENNE PRIORITÉ
Objectifs que la partie adverse aimerait atteindre.

FAIBLE PRIORITÉ
Objectifs que la partie adverse considère comme un bonus si elle arrive à les atteindre.

ÉVALUER SES FAIBLESSES

De même que vous devez connaître les forces de la partie adverse, vous devez évaluer ses faiblesses, tant au niveau de l'argumentation développée que des négociateurs. Si elle est constituée de plusieurs personnes, essayez de déterminer si vous pouvez diviser pour mieux régner, par exemple, en abordant un sujet qui convient à certains et déplaît à d'autres. Essayez de trouver dans son argumentation des éléments qui posent problème d'un point de vue moral ou éthique et que vous pourriez exploiter. Ainsi, un directeur des ventes d'un distributeur en matériel électrique qui propose de liquider à bas prix des produits endommagés peut soulever des problèmes éthiques et juridiques facilement exploitables.

EXPLOITER DES SOURCES OFFICIELLES D'INFORMATION

Lisez attentivement tous les documents officiels concernant la partie adverse. Consultez, par exemple, la presse économique ou les publications de même nature qui donnent des détails sur son passé. Vous y trouverez des informations inestimables sur les antécédents, la situation actuelle, l'historique et les objectifs stratégiques de vos interlocuteurs. Vous pouvez également consulter les registres publics des organismes d'État concernant son historique financier et juridique.

20 Poursuivez votre évaluation de la partie adverse en observant les comportements lors des négociations.

TIRER UN ENSEIGNEMENT DES CONFRONTATIONS PASSÉES

Des négociations remettent souvent en présence des personnes qui ont déjà négocié ensemble des questions du même ordre – des fournisseurs qui renégocient un contrat annuel ou des employés qui veulent revoir leurs conditions de travail. Si vous connaissez déjà votre interlocuteur, analysez le déroulement des précédentes négociations. Relisez les comptes rendus et les notes et parlez avec des collègues présents aux discussions. Préparez votre stratégie en conséquence. Mais cette connaissance est réciproque et la partie adverse préparera son argumentation en fonction des stratégies que vous avez précédemment adoptées.

21 Si possible, consultez les membres de la précédente équipe de négociation.

22 Renseignez-vous pour savoir qui représentera la partie adverse.

TROUVER UN TERRAIN D'ENTENTE

Une négociation implique d'élaborer une stratégie permettant de trouver un terrain d'entente, d'accord ou de compromis. Ce but est plus facile à atteindre si les parties en présence ont déjà négocié ensemble et comprennent mieux les concessions que chacun acceptera.

Par exemple, un employé qui souhaite négocier une augmentation de salaire avec son supérieur peut s'apercevoir que les contraintes budgétaires du service ou la politique générale de l'entreprise empêchent toute augmentation directe de salaire cette année. Mais, l'employé et son supérieur peuvent surmonter ces contraintes en compensant l'absence d'augmentation de salaire par une semaine de congés supplémentaire.

La souplesse des deux parties et leur volonté commune de trouver un terrain d'entente permettent de tomber d'accord sur un compromis mutuellement acceptable.

NÉGOCIER AVEC PLUSIEURS GROUPES

Lorsque la partie adverse est constituée de plusieurs groupes d'intérêt, vous devez non seulement évaluer chaque groupe et chaque individu, mais aussi déceler tout conflit entre les groupes en présence. Déterminez également qui détient le pouvoir de prendre des décisions importantes au nom des divers groupes. Lorsque vous soumettez une offre de rachat d'une entreprise, par exemple, négociez d'abord avec les actionnaires. Si un représentant des pouvoir publics est impliqué, changez de stratégie : analysez les principales répercussions de l'offre de rachat et intégrez à votre équipe des juristes chargés de négocier et d'examiner toutes les implications.

DIFFÉRENCES CULTURELLES

Vous devez savoir tirer partie des différences culturelles liées aux races, aux tranches d'âge et aux sexes. Si votre adversaire est un Russe d'âge moyen, par exemple, vous pouvez en déduire qu'il manque d'expérience des marchés commerciaux. S'il s'agit d'un jeune Américain très cultivé, vous pourrez sans doute exploiter son manque d'expérience professionnelle.

EXPLOITER DES SOURCES OFFICIEUSES D'INFORMATION

Pour une recherche efficace d'informations, vous devez vous mettre dans la peau d'un détective. Profitez de cocktails, de réseaux professionnels, de rencontres fortuites, ou appelez certaines personnes bien choisies pour vous renseigner sur vos adversaires. Vous pouvez également envoyer quelqu'un dans leurs locaux pour vérifier comment ils traitent leurs employés et leurs clients, ou inviter à déjeuner l'un de leurs vieux clients et l'interroger discrètement. D'anciens employés désabusés peuvent également être une excellente source d'informations, mais veillez alors à ne pas donner crédit à des informations non fondées.

RASSEMBLER ▶ DES INFORMATIONS
Profitez d'une rencontre officieuse avec une personne en contact avec la ou les parties adverses pour obtenir le plus d'informations possible concernant vos adversaires et leurs stratégies.

CHOISIR UNE STRATÉGIE

Lorsque vos propres objectifs et ceux que vous présumez pour la partie adverse sont déterminés, vous pouvez élaborer une stratégie pour parvenir à vos fins. Concevez-la en fonction des forces de votre équipe et des personnalités qui la constituent.

23 Veillez à ce que votre stratégie reste simple et souple.

QUESTIONS À SE POSER

Q Comment déciderez-vous d'une stratégie et de tactiques ?

Q Combien de personnes feront partie de votre équipe ?

Q Combien de temps vous faudra-t-il pour élaborer une stratégie ?

Q Toute l'équipe participera-t-elle à toutes les négociations ?

Q Quand pouvez-vous répéter vos rôles et vos tactiques ? ·

ANALYSER SES OBJECTIFS

Une stratégie est une politique d'ensemble visant à atteindre un certain nombre d'objectifs. Ne confondez pas avec les tactiques, qui sont des méthodes permettant de mener une stratégie. Une stratégie dépend de plusieurs facteurs, notamment, la personnalité des intervenants, les circonstances et les problèmes négociés. Analysez soigneusement la dynamique des membres de votre équipe par rapport aux questions à négocier et choisissez ceux dont les forces et les compétences combinées vous donneront le plus de chances d'atteindre les objectifs fixés.

COMPRENDRE LE PRINCIPE DES RÔLES

De même qu'il faut un gardien de buts à toute équipe de football, une équipe de négociation doit intégrer certains rôles classiques pour réussir. Les rôles principaux sont le leader, le gentil, le méchant, l'inflexible et l'observateur. D'autres rôles peuvent être distribués en fonction des circonstances des négociations qui s'engagent. L'équipe idéale est constituée de trois à cinq personnes et les rôles principaux doivent tous être représentés. Mais un même rôle peut être tenu par plusieurs personnes ; il est fréquent que chaque membre de l'équipe joue plusieurs rôles qui complètent ceux des autres et reflètent ses principaux traits de caractère.

24 Lorsque vous négociez, cachez vos sentiments et ne vous mettez jamais en colère.

RÉPARTIR LES RÔLES AU SEIN DE L'ÉQUIPE

RÔLE

RESPONSABILITÉ

LE LEADER

Toute équipe de négociation a besoin d'un leader. En général, ce rôle revient au négociateur le plus expérimenté, mais pas nécessairement le plus âgé de l'équipe.

- Conduit les négociations et y convie d'autres personnes en cas de nécessité.
- Seul maître des ressources de l'équipe, il sait, par exemple, la somme disponible pour un rachat.
- Metteur en scène des autres membres de l'équipe.

LE GENTIL

Personne à laquelle la plupart des membres de l'équipe adverse s'identifieront. Ils en viennent à souhaiter qu'il soit leur unique adversaire.

- Fait preuve de sympathie et de compréhension envers l'équipe adverse.
- Semble faire marche arrière sur un point préalablement défendu par son équipe.
- Endort l'équipe adverse dans une fausse sécurité pour l'amener à se relâcher.

LE MÉCHANT

Frère ennemi du gentil, ce rôle donne l'impression à l'équipe adverse qu'un accord serait plus facile à trouver s'il n'était pas là.

- Suspend les négociations si (et quand) cela s'avère nécessaire.
- Démonte systématiquement tout argument avancé par l'équipe adverse.
- Intimide l'équipe adverse et tente d'exposer les faiblesses de celle-ci.

L'INFLEXIBLE

Ce joueur silencieux a une position très rigide sur tous les points abordés. Il n'assiste pas à toutes les sessions de la négociation, mais est régulièrement cité par biais détourné.

- Retarde la progression des négociations par des moyens dilatoires.
- Permet aux autres de se rétracter d'offres émises à la légère.
- Observe et enregistre le déroulement des opérations.
- Maintient le cap de l'équipe sur ses objectifs de départ.

L'OBSERVATEUR

Enregistre et rassemble tous les points de vue exprimés puis les renvoie en une synthèse constructive et pertinente.

- Suggère des méthodes ou des tactiques permettant de sortir d'une impasse.
- Empêche la discussion de s'écarter du sujet principal.
- Relève toute incohérence dans l'argumentation de la partie adverse.

ATTRIBUER LES RÔLES

Une bonne stratégie implique un usage judicieux des membres de l'équipe. Vous devez déterminer les rôles et les responsabilités à affecter à chacun. Savent-ils mieux observer et écouter que parler ? Connaissent-ils déjà certains des membres de l'équipe adverse ? Sont-ils extravertis ? Une personne extravertie pourra, par exemple, jouer le rôle du bon. Distribuez soigneusement les rôles car votre équipe doit être capable de saisir immédiatement tout mouvement de l'opposition.

25 Prévoyez par écrit un calendrier de présentation des négociations et de répétition des rôles.

▼ RÉPÉTER LES RÔLES
Une fois votre équipe sélectionnée, réunissez-la pour une répétition des rôles attribués à chacun. Remaniez la distribution des rôles en cas de manque ou de doublon.

Répétez en vous aidant de supports visuels.

Encouragez les membres de l'équipe à prendre des notes qui leur serviront lors des vraies négociations.

L'IMPORTANCE DE LA PRÉSENTATION PHYSIQUE

Réfléchissez soigneusement à votre présentation physique, la première impression compte énormément. Pensez au type de négociation que vous engagez et habillez-vous en conséquence. Une tenue très élégante peut asseoir votre autorité, mais peut aussi donner une impression d'agressivité. Encouragez les membres de votre équipe à se vêtir dans le même style et, pour avoir l'air plus sérieux, portez une veste à votre arrivée. Dans le doute, adoptez une tenue classique.

26 Portez des vêtements confortables mais élégants et relativement classiques.

PRÉSENTER LA SITUATION À VOTRE ÉQUIPE

Pour que les membres de votre équipe jouent parfaitement leur rôle, vous devez leur expliquer la situation en détail. Lors des négociations, pas question de vous contredire. Par exemple, si votre leader clame haut et fort dès le début qu'il a tout pouvoir sur les prix, veillez à ce que votre méchant n'essaie pas de gagner du temps par la suite en opposant qu'un accord de prix ne pourra se faire qu'après consultation de la direction. Une telle incohérence risque de saper la crédibilité de votre équipe.

Encouragez les membres de l'équipe à se préparer et veillez à les réunir tous une fois au moins pour une répétition en tenue. Lors de cette répétition, exposez la situation à l'aide de faits et, autant que possible, en vous aidant de supports visuels. Prenez des notes pour voir ensuite comment l'équipe pourrait améliorer ses stratégies et ses tactiques.

27 Apprenez à garder le silence autour d'une table de négociation.

ÉTUDE DE CAS

Élisabeth et Kevin, employés de Westemers, société d'électronique, ont été envoyés à Hongkong pour essayer de convaincre un fabricant d'acheter certaines de leurs micropuces. Avant de partir, ils ont préparé une solide argumentation qu'Élisabeth est chargée de présenter. À Hongkong, les directeurs de l'entreprise ont aimé la proposition et semblaient satisfaits. Toutefois, tandis qu'Élisabeth discutait, Kevin a surpris les propos suivants : « Westemers n'acceptera jamais notre première offre de prix. » Aussi, lorsque l'interlocuteur chinois a annoncé son prix, s'attendant à ce qu'il soit refusé, Kevin est intervenu.

Élisabeth a été très surprise car le prix offert lui semblait tout à fait raisonnable, mais elle s'est réjouie de l'intervention de Kevin lorsque les Chinois ont augmenté leur prix de dix pour cent. Les deux équipes se sont séparées satisfaites du marché conclu.

◀ **TRAVAILLER EN ÉQUIPE**

Dans cette équipe, Élisabeth tient le rôle du leader et Kevin les autres rôles. Un négociateur isolé aurait eu beaucoup plus de mal à rassembler les informations permettant de conclure cette affaire avec succès.

Utiliser un Ordre du Jour

Pour certains types de négociation, il est très utile d'établir un ordre du jour, la liste des points à débattre, qui permet aussi de s'assurer que tous les participants sont, au préalable, d'accord sur les points à débattre et sur les points à ignorer.

28 Essayez de fixer d'avance l'ordre du jour car il influencera la suite de la réunion.

Points à Retenir

- Affectez un temps précis à chaque point de l'ordre du jour.
- Envoyez à chaque partie une copie de l'ordre du jour.
- Prévoyez sur l'ordre du jour des marges suffisamment larges pour l'annoter.
- Distribuez l'ordre du jour avec des pages blanches supplémentaires.
- Un ordre du jour est parfois si important qu'il doit être négocié.

Établir un Ordre du Jour

Une stratégie de négociation peut s'appuyer essentiellement sur l'ordre dans lequel les points de l'ordre du jour sont débattus et sur le temps accordé à chacun. C'est pourquoi il est parfois nécessaire de discuter longuement cet ordre du jour avant le début des négociations. N'oubliez pas qu'un ordre du jour doit :
- définir clairement les questions négociées ;
- influencer de manière détournée la progression des négociations par les priorités accordées aux questions soulevées.

▶ **RÉDIGER UN ORDRE DU JOUR**
Un ordre du jour permet de recentrer une négociation sur ses buts et ses objectifs. Le but ultime d'une négociation étant d'apporter des solutions et non de laisser de l'amertume, les termes de l'ordre du jour doivent être dépourvus de provocation et d'ambiguïté, surtout si les participants sont a priori hostiles.

Négociations sur les licenciements
24 juillet à 9 heures
Salle de conférence

1. (9 h 00) Compte rendu de la précédente réunion.
2. (9 h 15) Exposé des conseillers de la direction.
3. (9 h 45) Exposé du directeur du personnel.
(10 h 15) Pause-café.
4. (10 h 30) Exposé du directeur financier.
5. (11 h 00) Résumé du directeur général.
6. (11 h 30) Débat.
7. (12 h 30) Clôture.

L'heure de chaque intervention est fixée.
Les précédentes décisions prises sont rappelées.
Le premier intervenant donne le ton.
Des spécialistes donnent des informations détaillées.
L'heure de clôture de la réunion est indiquée.

ACCEPTER UN ORDRE DU JOUR

Si la partie adverse vous communique un ordre du jour, examinez-le attentivement et réglez votre stratégie en conséquence. C'est en général la partie la plus motivée par la réunion qui présente l'ordre du jour, et elle s'accorde le premier temps de parole. Mais vous pouvez demander à revoir l'ordre des interventions pour qu'il vous soit plus favorable. Si l'on vous communique un ordre du jour par téléphone, n'en soyez pas moins vigilant.
Enregistrez bien les informations fournies et contactez la partie adverse si vous souhaitez modifier l'ordre du jour proposé.

29 Arrivez un peu en avance, vous soignerez votre image d'efficacité et aurez le temps de vous détendre.

30 Un ordre du jour doit être clairement rédigé et indiquer l'heure à laquelle chaque point sera abordé.

ASSOCIEZ DES HORAIRES À L'ORDRE DU JOUR

Certaines négociations doivent impérativement être limitées pour respecter les plannings surchargés des personnes qui y participent. Pour d'autres, les partie impliquées restent aussi longtemps qu'il le faut pour parvenir à un accord. Fixez systématiquement une heure de fin de réunion et prévoyez que toutes les questions soient débattues dans le temps fixé. Sachez que la plupart des participants commenceront à s'énerver si la réunion dépasse l'heure prévue.

ENREGISTRER LES DÉBATS

Lors d'une négociation, il est presque inévitable que les parties impliquées fassent des concessions qu'elles risquent de regretter (ou, du moins, auxquelles elles aimeraient réfléchir). Beaucoup de négociateurs apprécient donc d'enregistrer les débats sur cassette. Mais il est parfois difficile, pour des raisons matérielles, de positionner un magnétophone de façon à pouvoir saisir l'ensemble des discussions. Des moments essentiels peuvent aussi échapper à l'enregistrement si vous changez les piles ou la cassette, car il est rare qu'une cassette couvre la totalité d'une réunion. Si vous voulez enregistrer, demandez à l'autre partie si elle vous y autorise. Un négociateur confirmé s'assure toujours que les enregistrements sont doublés de notes prises par écrit.

PRENDRE DES ▶ NOTES
Utilisez un dictaphone pour enregistrer rapidement et facilement tous les débats.

CRÉER UNE ATMOSPHÈRE FAVORABLE

Les résultats d'une négociation dépendent souvent du climat dans lequel elle se déroule. Dès le départ, créez une ambiance propice au dialogue en vous assurant que la salle est adaptée au nombre de participants et au type de négociation.

31 Ne prévoyez jamais plus de deux heures de négociation sans pause.

CHOISIR UN LIEU DE NÉGOCIATION

32 Placez une pendule au mur de sorte que chacun des participants soit conscient de l'heure.

Choisissez votre lieu en tenant compte de plusieurs facteurs, notamment la facilité d'accès, la neutralité et les équipements et réservez la salle en conséquence. Aurez-vous besoin d'un équipement audiovisuel ou d'un tableau papier ? Devez-vous les louer, où, pour combien de temps ? Pouvez-vous rester toute la soirée si aucun accord n'a été conclu dans la journée ?

TYPES DE LIEU DE NÉGOCIATION

LIEU	ÉLÉMENTS À PRENDRE EN COMPTE
SUR SON TERRAIN Un bureau ou une salle dans votre entreprise.	● Vous pouvez facilement organiser des interruptions stratégiques. ● Vous pouvez difficilement éviter les interruptions non prévues. ● Vous pouvez facilement inviter vos experts internes à prendre part aux négociations.
EN TERRAIN NEUTRE Le bureau d'une tierce personne ou une salle louée.	● Aucune des parties en présence ne mène le jeu car elle ne connaît pas bien les lieux. ● Chaque équipe doit déplacer ses experts et apporter la documentation de référence dont elle a besoin.
EN TERRAIN INCONNU Un bureau ou une salle appartenant à la partie adverse.	● Le dépaysement peut être perturbant. ● Vous n'avez aucun contrôle de la logistique. ● Vous pouvez ralentir les négociations en objectant la nécessité de référer à un expert de votre entreprise.

TENIR COMPTE DU MOINDRE DÉTAIL

Lorsqu'une négociation se tient dans vos locaux, prenez le contrôle de la situation : jouez à votre avantage sur l'atmosphère, le timing et les pauses. Distribuez papier et stylos pour que les participants puissent prendre des notes. Vérifiez la propreté et le bon fonctionnement des toilettes et des lavabos, ainsi que l'éclairage de la salle, surtout si vous devez utiliser des équipements audiovisuels. Le confort de chacun est aussi un facteur décisif ; abaissez de quelques degrés la température de la salle, ou retardez la pause rafraîchissements pour pousser vos adversaires à se décider plus rapidement. Si les débats doivent se poursuivre après la pause, servez les rafraîchissements à l'écart de la table de négociation et évitez les boissons alcoolisées.

33 Ne dévoilez pas d'un coup toutes vos tactiques.

◀ **OFFRIR DES RAFRAÎCHISSEMENTS**
Les membres de votre équipe n'auront probablement pas faim si les négociations s'attardent, mais ils auront soif. Des tensions associées à un environnement inconnu et à des pressions dessèchent la gorge, aussi prévoyez de l'eau et des verres.

34 Les participants doivent pouvoir, au besoin, contacter l'extérieur par téléphone.

35 Munissez-vous d'un portable si vous devez consulter des données d'entreprise.

PRENDRE LE CONTRÔLE D'UNE NÉGOCIATION EN TERRAIN INCONNU

Certains négociateurs préfèrent se déplacer sur le terrain de l'adversaire. Cette approche leur permet de prouver leur bonne volonté et d'engager les négociations de manière positive. C'est en fait un stratagème astucieux qui, entre autres avantages, vous permet d'imposer vos horaires et donc d'exercer une certaine pression sur vos hôtes. Si aucun ordre du jour n'a été prévu, dès votre arrivée, demandez l'autorisation d'en fixer un. La partie adverse vous accordera probablement cette faveur puisque vous avez accepté de vous déplacer. Auquel cas, vous pourrez en profiter pour inscrire à l'ordre du jour les points qui vous arrangent et faire pencher la balance de votre côté.

27

Disposer les Sièges

*L*a manière dont vous placez les négociateurs (en confrontation face à face ou autour d'une table d'une façon plus conviviale) peut avoir de grandes répercussions sur le ton des débats, voire sur l'issue de la négociation.

> **36** Veillez à ce que le leader puisse garder le contact du regard avec les principaux acteurs.

▼ PLACER VOTRE ÉQUIPE

Hormis pour certaines négociations très formelles, une équipe de cinq personnes est un maximum. La disposition en face à face, avec une équipe de chaque côté de la table, est courante et généralement adoptée lorsque les négociateurs tiennent à marquer leur appartenance. Placez chaque membre de l'équipe où il pourra le mieux exploiter ses compétences tout en évitant de faire bloc.

Placer un Petit Nombre de Personnes

Lorsque les négociations impliquent peu de personnes, les deux parties se font généralement face de chaque côté d'une table rectangulaire. Cette disposition est la plus courante. Pour ébranler l'opposition, placez votre leader en milieu de table afin de donner l'impression qu'il contrôle totalement la situation. Pour adoucir les rôles des personnes chargées d'entraver les négociations, placez les équipes autour d'une table ronde, qui présente un caractère moins officiel.

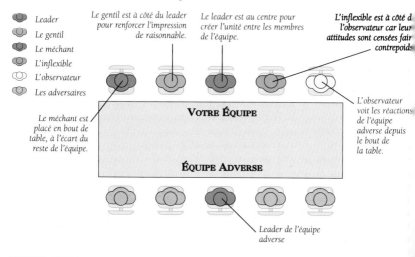

Leader

Le gentil

Le méchant

L'inflexible

L'observateur

Les adversaires

Le gentil est à côté du leader pour renforcer l'impression de raisonnable.

Le leader est au centre pour créer l'unité entre les membres de l'équipe.

L'inflexible est à côté de l'observateur car leurs attitudes sont censées faire contrepoids.

L'observateur voit les réactions de l'équipe adverse depuis le bout de la table.

Le méchant est placé en bout de table, à l'écart du reste de l'équipe.

VOTRE ÉQUIPE

ÉQUIPE ADVERSE

Leader de l'équipe adverse

Placer les Participants de Manière Tactique

Quel que soit le nombre de personnes à placer, choisissez des chaises aussi confortables que possible. Hormis la traditionnelle confrontation en face à face ou la simple table ronde plus conviviale, vous pouvez mélanger les équipes de sorte que vos adversaires ne forment pas bloc. Si possible, placez la personne la plus à l'aise à s'exprimer en public ou la plus agressive à côté de votre leader.

De plus, quelle que soit la disposition choisie, le contact du regard est très important. Il aide les négociateurs à sentir l'état d'esprit de l'adversaire et les leaders à connaître la position des membres de leur équipe. Sachez que le manque de contact du regard désoriente, n'hésitez pas à exploiter cette tactique lorsque vous placez l'équipe adverse.

37 Placez votre inflexible à l'écart de celui de l'opposition.

38 Placez les chaises à égale distance les unes des autres.

Placer un Grand Nombre de Personnes

Si les négociations concernent un grand nombre d'équipes constituées de quelques représentants (les nations constituant le Fond monétaire international, par exemple), prévoyez une disposition en large cercle et un podium sur lequel les participants se tiendront pour présenter leur argumentation. En revanche, si les négociations concernent un petit nombre d'équipes constituées d'un grand nombre de représentants, formez des groupes de sièges placés, si possible, face à face.

Les membres du Parlement sont généralement placés de cette manière, qui convient aussi aux négociations entre syndicats ou comités de personnel.

Modifier la Disposition des Sièges

Lorsque vous allez négocier dans des locaux de l'une des parties adverses, vérifiez si la place de chacun a été prévue. Si tel n'est pas le cas, arrangez-vous pour placer votre équipe en premier de façon à vous positionner de manière tactique. Le choix des places dépendra de la dynamique de votre équipe (côte à côte pour faire bloc, dispersés dans les rangs des parties adverses pour les diviser, ou en bout de table pour contrôler la situation). Si les places sont déjà prévues, essayez de déterminer si c'est par tactique. La place attribuée à chacun peut vous donner une idée de la position de la partie adverse ou du statut de ses membres. Elle vous indique si la négociation sera une rencontre informelle ou une confrontation, ou si votre hôte entend dominer les débats. Une fois le ton bien pesé, vous pouvez modifier votre approche en conséquence. Si la disposition prévue ne vous convient pas, vous pouvez toujours demander à la changer.

CONDUIRE UNE NÉGOCIATION

Prévoyez soigneusement vos premières approches de négociation afin d'établir un climat positif. Soyez réceptif et ouvert pour créer des occasions favorables et exploiter celles qui se présentent en cours de discussion.

JAUGER L'AMBIANCE GÉNÉRALE

Négocier tient autant à l'écoute et à l'observation qu'à la parole. Soyez réceptif à l'état d'esprit général car il peut varier rapidement. Être réceptif signifie utiliser tous ses sens pour déceler les signaux émis par l'autre.

39 Commencez les négociations par des questions sans controverse.

40 Dès le début, mettez l'accent sur l'impératif de trouver un accord.

▼ ÉTUDIER LES RÉACTIONS
Pendant la négociation, observez les réactions et les attitudes de la partie adverse pour déceler toute incohérence.

ANTICIPER SUR LE TON DES DÉBATS

Votre préparation devrait vous permettre de prévoir l'approche de votre adversaire. Dès le début des négociations, essayez de déterminer si vos prévisions se confirment en observant le langage du corps des membres de l'équipe adverse. Si vous aviez prévu un démarrage difficile, observez leur attitude ; s'ils sont tendus, vous aviez sans doute raison.

Écoutez ce que dit l'autre partie	Écoutez comment elle le dit	Observez le langage du corps

COMPRENDRE LE LANGAGE DU CORPS

Le langage du corps s'exprime par des signes non verbaux, c'est-à-dire des gestes, des expressions du visage et des regards. Apprenez à lire le langage du corps de vos adversaires pour découvrir leurs intentions réelles (leurs signes peuvent confirmer ou contredire leurs propos). Les signes les plus évidents du langage du corps sont croiser les bras et les jambes, signes de défensive, et s'affaisser sur son siège, signe d'ennui. Des signes plus discrets, tels qu'hésiter ou buter sur un mot, peuvent indiquer un manque de conviction comme un haussement de sourcils est un signe évident de surprise. Le regard est une autre source précieuse d'informations ; ainsi, les membres d'une équipe peuvent se jeter des coups d'œil lorsqu'un point important de la négociation est abordé.

41 Écoutez aussi bien le ton de voix d'une personne que ses mots.

POINTS À RETENIR

● Parler lentement et posément est un signe d'assurance et de confiance en soi.

● Sourire sans raison et parler rapidement sont des signes de nervosité.

● Les personnes qui souhaitent s'en aller ont tendance à tourner le regard et les jambes vers la sortie.

DIFFÉRENCES CULTURELLES

Se serrer la main signifie « au revoir » pour certains et « marché conclu » pour d'autres. Assurez-vous de bien connaître les coutumes de vos interlocuteurs avant de leur tendre la main. Chez les Asiatiques, le contact physique entre deux personnes de sexe opposé est déconseillé. En conséquence, les femmes devront bien réfléchir avant de serrer la main aux hommes, et vice-versa.

DÉTERMINER L'ÉTAT ▷ D'ESPRIT

Une poignée de main est révélatrice de l'état d'esprit de votre adversaire. Une franche poignée de main indique respect et ouverture d'esprit, si elle est ferme, c'est un signe de domination, et molle, de passivité.

Contact direct du regard

Poignée de main ferme mais sans force abusive

31

FAIRE UNE PROPOSITION

Dans toute négociation, il est fondamental de faire une proposition. Lorsque vous prévoyez le déroulement des opérations, vous devez décider si vous serez le premier à faire une proposition ou si vous préférez attendre celle de l'adversaire. Cette décision est un élément majeur de votre stratégie.

42 Faites une proposition aussi dénuée d'émotion que possible.

43 Gardez le silence si vous n'avez rien de pertinent à dire.

MAINTENIR LE DÉBAT OUVERT

Lorsque vous exposez votre position, ménagez-vous une marge de manœuvre. Ne prenez pas un ton péremptoire, mais avancez des propositions soumises à conditions qui donnent à chaque partie la possiblité de faire des concessions. N'essayez pas non plus de bloquer trop vite vos adversaires sur une position car ils ont aussi besoin d'une marge de manœuvre. Évitez de les forcer à prendre une décision ou à faire des promesses dès le début, cela réduirait leurs possibilités au moment des concessions.

À FAIRE ET À NE PAS FAIRE

- ✔ Écoutez attentivement la partie adverse.
- ✔ Laissez à vos propositions une marge de manœuvre suffisante.
- ✔ Gardez la liberté de refuser la première offre qui vous est faite.
- ✔ Mettez des conditions à vos offres, par exemple, « Si vous faites ça, nous ferons ça ».
- ✔ Sondez vos adversaires : « Que penseriez-vous si… ? »

- ✘ Ne faites pas trop de concessions en début de négociation.
- ✘ Ne faites aucune offre figée qui risquerait de vous faire perdre la face si vous devez l'abandonner ensuite.
- ✘ Oubliez le mot « jamais ».
- ✘ Ne répondez pas aux questions par « oui » ou par « non ».
- ✘ Ne ridiculisez pas vos adversaires.

44 Soyez très attentif à la proposition de la partie adverse.

45 Employez l'humour à bon escient, mais n'en faites pas trop.

FAIRE UNE PROPOSITION

Le résultat d'une négociation dépend de la façon dont les parties concernées présentent et argumentent leurs propositions. Ces propositions sont développées et amendées jusqu'à conclusion d'un accord. L'un des avantages de laisser vos adversaires faire la première proposition, c'est de constater éventuellement que leurs demandes et les vôtres ne sont pas aussi éloignées que vous le pensez et de revoir en conséquence votre stratégie. Si vous décidez de faire la première proposition, demandez plus que vous n'espérez et proposez moins que vous n'envisagez de donner car, de toute manière, elle sera considérée comme irréaliste. Si vous faites d'emblée une proposition honnête, vous risquez que votre adversaire l'estime supérieure à vos besoins réels.

CE QU'IL FAUT FAIRE

1. Écoutez bien l'adversaire ; sa position est peut-être plus proche de la vôtre que vous le pensez.

2. Soyez prêt à revoir votre stratégie si une chance de compromis se profile en début de négociation.

3. Faites une première proposition irréaliste sur laquelle vous ferez ensuite des concessions.

4. Essayez de noter mot pour mot toutes les propositions.

FORMULER UNE PROPOSITION

Pour que vos adversaires vous prennent au sérieux, vous devez présenter votre proposition clairement et avec assurance. Lorsque vous parlez, mettez l'accent sur la volonté de trouver un accord, par exemple, « Je sais que tout le monde tient à ce que le projet évolue au plus vite ». Lorsque vous formulez votre proposition, exposez les conditions qui s'y rattachent avant de faire votre première offre. Résumez brièvement votre proposition, puis taisez-vous pour montrer que vous avez terminé et pour laisser à vos adversaires le temps de bien enregistrer vos propos.

Posture ouverte et assurée

Contact direct du regard avec la partie adverse

FAIRE UNE PROPOSITION ▶
Tenez-vous bien droit et légèrement penché en avant. En adoptant ce langage du corps positif la partie adverse sera incitée à vous prendre au sérieux ainsi que votre proposition.

RÉPONDRE À UNE PROPOSITION

É*vitez de réagir immédiatement, de manière favorable ou autre, à une proposition. N'ayez pas peur de garder le silence pour évaluer la proposition, mais n'oubliez pas que dans le même temps votre adversaire vous observe pour juger de vos réactions.*

46 Recherchez les points communs entre votre position et celle de la partie adverse.

47 Avant de répondre, laissez la partie adverse terminer.

DEMANDER DES ÉCLAIRCISSEMENTS

Lorsque la partie adverse vous a fait une proposition, ne vous sentez pas obligé de répondre immédiatement par une contre-proposition. Restez aussi imperturbable que possible et résumez la proposition telle que vous l'avez comprise, de façon à y réfléchir et à vérifier la clarté des choses. C'est le moment de reformuler les points dont vous n'êtes pas sûr et d'inciter la partie adverse à rectifier. Par exemple, « Si je vous ai bien compris, nous ne pouvons espérer recevoir aucune marchandise avant décembre prochain » ou « Pouvez-vous m'assurer que vous avez tenu compte des délais de compensation requis à Singapour pour les chèques ». Vous devez absolument comprendre la proposition de la partie adverse dans son intégralité.

◀ **RÉPONDRE À UNE PROPOSITION**
Adoptez un langage du corps ouvert (contact du regard, corps bien droit et mains croisées souplement devant vous) pour signifier que vous comprenez et acceptez la proposition. Toutefois, n'en révélez pas trop et laissez vos adversaires se demander ce que vous en pensez.

GAGNER DU TEMPS

Si vous ne souhaitez pas répondre immédiatement à la proposition de vos adversaires, prévoyez des techniques pour gagner du temps, que vous pourrez utiliser ensuite avec parcimonie. Voici des tactiques qui ne risquent pas de compromettre l'issue des négociations :

● Interrompez la partie adverse en cours de proposition, surtout si vous pouvez donner l'impression que vous souhaitez simplement éclaircir certains points ou recentrer la discussion.

● Répondez à une question par une question ou posez-en beaucoup (après tout, c'est toujours utile d'avoir plus d'informations).

● Interrompez les négociations pour consulter vos collègues, notamment si vous avez déjà précisé que vous devez régulièrement informer une autorité externe de la progression des négociations.

48 N'utilisez qu'avec subtilité et parcimonie les tactiques de gain de temps.

49 Présentez chacune de vos concessions comme une perte majeure pour vous.

POINTS À RETENIR

● Répondre trop vite à la proposition de la partie adverse risque d'ébranler votre position.

● Une information doit être échangée dans le cadre d'un compromis et non à titre gracieux.

● Posez beaucoup de questions. Plus vous détenez d'informations, plus vous contrôler les négociations.

● Habituez-vous à résumer la proposition de la partie adverse.

● Veillez à déceler toute intention cachée de l'une ou l'autre partie, qui risquerait de ralentir le déroulement des négociations.

PROPOSER DES ALTERNATIVES

Une contre-proposition doit se faire immédiatement après avoir résumé la proposition de la partie adverse. Il est préférable de battre le fer lorsqu'il est chaud. Pour réussir en tant que négociateur, apprenez à repérer les alternatives qu'offre chaque situation.

Déterminez la contre-proposition envisageable en évaluant les priorités de vos adversaires. Vous devez leur donner l'impression d'être prêt à accepter des compromis alors qu'en fait vous n'abandonnerez rien de vraiment important pour votre équipe.

L'exemple classique est celui des deux frères qui se querellent pour savoir comment partager la dernière part de tarte, chacun voulant le plus gros morceau. Le père suggère alors que l'un d'eux coupe la part comme il le souhaite et que l'autre choisisse le morceau qu'il veut. Ce mode de pensée latérale permet d'arriver rapidement à un accord satisfaisant pour tout le monde.

50 À chaque nouvelle proposition, demandez une pause pour y réfléchir.

RÉPONDRE AUX STRATAGÈMES

Un bon négociateur doit être capable de déceler, et de contrer, les stratagèmes et les tactiques employés lors de négociations. Pour éviter des erreurs de négociation qui coûtent très cher, apprenez à repérer les manœuvres de manipulation et à y résister.

51 Si vous vous êtes laissé piéger par un stratagème astucieux, réfléchissez avant de répondre.

POINTS À RETENIR

● Évitez de soulever des points non prévus.

● Ignorer un stratagème permet de neutraliser l'effet escompté.

● Repoussez les attaques personnelles avec humour et sans colère.

● Ne prenez pas les stratagèmes de l'équipe adverse pour des attaques personnelles. Ce ne sont que des tentatives de manipulation.

● Lorsqu'une tactique de l'équipe adverse vous a fait perdre du terrain, n'essayez pas de chercher le coupable, vous ne feriez que perdre un temps précieux.

COMPRENDRE LES STRATAGÈMES

Lors d'une négociation, il est fréquent que l'une des parties use de tactiques lui permettant d'obtenir un maximum avec un minimum de concessions. Ces stratagèmes visent à donner l'impression à votre adversaire que vous avez moins de pouvoir que lui pour obtenir ce que vous voulez et qu'en conséquence vous résisterez moins à lui donner ce qu'il désire.
Même si vous ne choisissez pas d'employer ces stratagèmes, vous devez savoir les repérer et les contrer pour ne pas être distrait de vos objectifs.

REPÉRER LES STRATAGÈMES

Il faut une certaine pratique pour déceler les stratagèmes visant à modifier le déroulement d'une négociation. Pour les identifier et les contrer sans risque d'erreurs très coûteuses, observez attentivement vos adversaires et rappelez-vous que ces tentatives de manipulation ont essentiellement trois buts :

● Distraire l'attention de votre équipe pour prendre le contrôle des débats.

● S'écarter du sujet central de la négociation en vue de reformuler les termes du marché au bénéfice de la partie adverse.

● Manipuler votre équipe pour l'amener à clore les négociations avant que vous n'ayez obtenu complète satisfaction.

52 Exercez-vous à répondre à certaines tactiques fréquemment employées lors de négociations.

CONTRER LES TACTIQUES COURANTES

TACTIQUE	RÉPONSE
MENACE Menacer de fâcheuses répercussions si vous n'acceptez pas les termes de la proposition ; insister sur les risques de pertes que vous encourrez.	Avertissez la partie adverse que vous ne négocierez pas sous la contrainte et que seule la valeur de leur argumentation dictera vos concessions. Examinez les autres possibilités qui vous sont offertes.
AFFRONT Poser des questions concernant les performances de votre entreprise ou les vôtres ; critiquer vos produits ou vos services.	Restez calme, ne perdez pas votre sang froid et ne renvoyez pas la balle. Réaffirmez votre position et prévenez que vous cesserez toute négociation si l'autre partie n'adopte pas une attitude plus constructive.
BLUFF Menacer de vagues représailles ; lancer des affirmations sans preuve pour, par exemple, laisser entendre que des concurrents sont prêts à baisser leurs prix.	Dénoncez le bluff ; réfutez les assertions de la partie adverse et attendez sa réaction. Demandez des détails et des preuves sur les points dont vous doutez.
INTIMIDATION Vous faire attendre ; vous installer sur un siège inconfortable ; recevoir des appels téléphoniques ou des visites en cours de négociation.	Désamorcez ces stratagèmes qui ne visent qu'à ébranler votre confiance. Ne lâchez pas de terrain sans contrepartie et ne vous laissez pas contraindre à un accord.
DIVISER POUR RÉGNER Exploiter les désaccords éventuels au sein de votre équipe par des appels à la personne qui semble la mieux disposée à leur égard.	Envisagez cette situation avec votre équipe avant le début des négociations et déterminez l'attitude à adopter. Demandez un ajournement lorsque les divergences d'opinions se précisent au sein de votre équipe.
QUESTIONS INSIDIEUSES Poser une foule de questions pour vous amener à dévoiler les faiblesses de votre argumentation ; vous forcer à faire des concessions.	Évitez de répondre aux questions dont vous ne saisissez pas la motivation. Vérifiez toute revendication émise par l'autre partie. Associez des conditions à chacune de vos concessions.
APPEL À L'ÉMOTION Vous accuser de déloyauté lorsque vous n'acceptez pas les termes de la proposition ; insister sur les sacrifices consentis ; se déclarer offensé de votre manque de confiance.	Affirmez votre volonté de trouver un accord honnête sur les termes du marché. Posez des questions pour tester la validité des revendications. Recentrez la discussion sur les questions à négocier.
TESTER LES LIMITES Obtenir des concessions supplémentaires *via* des amendements mineurs des termes de l'accord de façon à dégager des bénéfices substantiels à long terme.	Indiquez clairement les points acceptés à chaque accord conclu. Précisez les points communs d'accord et veillez à ce que la partie adverse s'y tienne pour le reste des négociations.

FAIRE FACE À UN ÉCLAT

L'état d'esprit d'une négociation peut brusquement changer en cas de réaction émotive de l'un des participants. Ce type de comportement trahit parfois indécision, confusion ou agressivité, mais résulte le plus souvent d'un manque de sang-froid.

C'est également un stratagème pour détourner l'attention du point débattu vers un individu. Essayez de déterminer si c'est un stratagème ou une impulsion, puis recentrez au plus vite le débat. Aucune décision ne peut être prise sans négociation. Apprenez à désamorcer ce type de situation pour dissuader vos interlocuteurs d'en faire usage à l'avenir.

53 Ajournez la session dès qu'un élément inconnu intervient dans la négociation.

54 Ne discutez que des arguments constructifs.

FAIRE FACE AUX STRATAGÈMES ET AUX ÉCLATS

PROBLÈME	RÉPONSES POSSIBLES
NÉGOCIATEUR CONFUS	● Clarifiez les points sources de confusion à l'aide de supports audiovisuels. ● Formulez les propositions complexes par écrit, en termes simples et concis. ● Suivez un ordre du jour précis pour éviter toute confusion future. ● Soyez prêt à impliquer un tiers pour revoir d'un œil neuf les différents points abordés.
NÉGOCIATEUR INDÉCIS	● Avancez lentement et méthodiquement et n'hésitez pas au besoin à répéter les points abordés. ● Promettez de résumer les points abordés à un moment fixé. ● Ajournez la session pour que le négociateur indécis puisse consulter les membres de son équipe. ● Essayez de présenter différemment les points abordés.
NÉGOCIATEUR AGRESSIF	● Répétez calmement et évitez toute marque d'émotion. ● Refusez d'entamer une bataille verbale et restez calme. ● Signifiez fermement que les tentatives d'intimidation, les brutalités et les menaces sont inacceptables. ● Suggérez un ajournement des négociations afin de calmer les esprits.
NÉGOCIATEUR ÉMU	● Ne mettez pas en doute les intentions et l'intégrité du négociateur. ● N'interrompez pas ; attendez patiemment avant de répondre. ● Répondez à toute réaction émotionnelle par une question rationnelle. ● Ajournez la session pour que le négociateur émotif puisse se calmer.

AJOURNER UNE NÉGOCIATION

Pour couper court à une réaction émotionnelle ajourner une négociation est tout indiqué, mais c'est aussi un stratagème pour gagner du temps. Si l'une des parties demande un ajournement, l'autre peut l'accepter ou annuler la négociation. Vous pouvez ajourner une négociation suite à une réaction émotionnelle pour restaurer le calme et laisser vos adversaires réaliser que ce type de comportement ne les aidera pas à atteindre leurs objectifs. Mais vous pouvez aussi demander un ajournement pour revoir votre position et vos tactiques en cas d'introduction d'éléments inattendus dans le débat. Toutefois, un ajournement retarde la conclusion d'un accord, ce qui est un désavantage. Si vous demandez un ajournement, notez bien où la transaction s'est arrêtée.

55 Demandez un ajournement lorsqu'un élément totalement nouveau est introduit dans le débat.

56 Si vous acceptez de discuter à titre officieux, tenez toujours parole.

AJOURNER POUR UNE DISCUSSION INFORMELLE

Lorsqu'une négociation tourne en impasse, il peut s'avérer utile de poursuivre la discussion sur un autre plan. Suggérez une discussion en confidence qui ne figurera pas dans le compte rendu de la réunion et qui n'engagera aucune des parties. Encouragez votre adversaire à s'exprimer librement et en toute confiance concernant ses réticences à faire des concessions. Passez dans une autre pièce (un changement d'environnement peut détendre l'atmosphère). Si des experts ne s'accordent pas sur un point technique, suggérez de demander l'avis d'un autre expert qui ne participe pas à la négociation.

DISCUTER EN TOUTE CONFIANCE ▶
Une discussion informelle à l'écart de la table de négociation peut aplanir des difficultés. Saisissez l'occasion pour montrer à votre adversaire que vous êtes une personne raisonnable et communicative.

COMPRENDRE
LE LANGAGE DU CORPS

*L*e langage du corps de vos adversaires
peut vous en dire long sur leur façon
de négocier. Observez les yeux, élément
le plus expressif du corps, mais aussi
les expressions de visage et les postures.

57 Chargez un membre de votre équipe d'observer les signes muets des membres de l'équipe adverse.

LIRE
LES SIGNES DE BASE

Des regards échangés marquent le désir de
transmettre et de recevoir des informations.
Deux personnes qui se parlent échangent
généralement de brefs coups d'œil à intervalles
réguliers. Apprenez à déceler ces
regards, éléments essentiels du
langage du corps, mais « lisez »
également dans les pensées de
vos adversaires en observant leurs
mouvements de mains et de bras
et leur façon de se tenir.

COMPRENDRE LES SIGNES ▶
*Il suffit de quelques secondes pour savoir
comment vos adversaires réagissent à vos
propos. Apprenez à traduire leurs
expressions et vous serez capable de
repérer la personne la plus réceptive.*

*Expression ouverte
prouvant l'intérêt
pour la discussion*

*Regard
d'hostilité*

*Attitude
d'attention*

*Bras croisés
en signe
d'incrédulité*

**SIGNE DE
DÉSACCORD**

**SIGNE
D'INTÉRÊT**

58 Soyez vigilant. Les signes les plus évidents ne se manifestent qu'une seconde.

AFFRONTER LA DUPLICITÉ

Certains négociateurs habiles se servent du langage du corps pour tromper la partie adverse. Ne prenez pas tous les signes pour argent comptant, il est aisé de masquer son hostilité derrière un sourire. Une personne dont le langage du corps exprime de l'intérêt pour la discussion peut en fait se préparer à une attaque cinglante. Vous devez donc toujours analyser le langage du corps d'une personne en association avec celui des autres membres de son équipe pour avoir une idée globale de l'état d'esprit du groupe. Il est essentiel de rester vigilant, même si vous pensez que les négociations se passent bien.

59 Apprenez à vous fier à vos instincts pour lire le langage du corps de vos interlocuteurs.

Yeux grands ouverts et expression chaleureuse qui indiquent la volonté d'être convaincu.

Contact direct du regard qui indique des pensées positives.

Regard dans le vague qui indique un manque de concentration.

Bras ouverts et corps repoussé vers l'arrière qui indiquent l'indécision.

Main sur le menton en signe de réflexion

Tripoter un stylo confirme que l'esprit est ailleurs.

SIGNE DE PRISE DE DÉCISION

MANQUE D'INTÉRÊT

ATTITUDE NEUTRE

ÉTABLIR SES POSITIONS

Les premières phases du processus de négociation permettent à chaque équipe d'analyser sa position au vu de la proposition de la partie adverse. Lorsque toutes les parties impliquées ont revu leur position, progressez vers un accord mutuel.

60 De nombreuses questions débutant par « comment » prouvent votre volonté de compromis.

RENFORCER SA POSITION

61 Observez les modifications du langage du corps afin de revoir en conséquence votre stratégie.

Suite à la proposition de l'équipe adverse, vous pouvez être amené à revoir votre stratégie ou vos tactiques pour maintenir votre position. Recherchez les points communs d'intérêt des deux équipes et déterminez ceux sur lesquels vous êtes prêt à faire des concessions. Déterminez si des divergences majeures nécessitent de préparer une contre-proposition, ou si quelques réajustements suffiront pour passer à la phase de discussion.

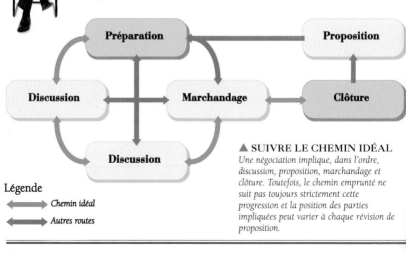

```
Préparation          Proposition

Discussion    Marchandage    Clôture

Discussion
```

▲ SUIVRE LE CHEMIN IDÉAL
Une négociation implique, dans l'ordre, discussion, proposition, marchandage et clôture. Toutefois, le chemin emprunté ne suit pas toujours strictement cette progression et la position des parties impliquées peut varier à chaque révision de proposition.

Légende

➤ *Chemin idéal*

➤ *Autres routes*

LIRE LES EXPRESSIONS DU VISAGE

La plupart des gens expriment involontairement leurs émotions par des expressions du visage. Aussi, guettez soigneusement tout rictus triomphal ou bâillement étouffé. Ces signes sont particulièrement significatifs en phase de débat, lorsque les parties se sondent mutuellement.

Mâchoire tendue — *Yeux grands ouverts* — *Tête penchée sur le côté* — *Regard dans le vague* — *Main qui touche l'oreille.* — *Regard dans le vague*

▲ **EXASPÉRATION**
Les yeux écarquillés et les sourcils levés sont des signes d'irritation teintée de frustration. On note souvent des signes d'exaspération lorsque la discussion avance lentement.

▲ **ENNUI**
La tête penchée, les sourcils levés, le regard dans le vague et la bouche serrée sont des signes d'ennui. Profitez d'une baisse d'intérêt pour faire avancer la discussion à votre avantage.

▲ **INCRÉDULITÉ**
Une personne qui se touche machinalement l'oreille et dont le regard est dans le vague est probablement sceptique quant aux propos qu'elle entend.

POINTS À RETENIR

● Établissez votre position et défendez-la par des tactiques.

● Toute proposition doit être revue au vu des informations fournies par la proposition des adversaires.

● Envisagez toutes les alternatives possibles.

● Votre objectif doit être de trouver un accord satisfaisant pour tous.

62 Résumez régulièrement votre position.

DÉBATTRE DES PROBLÈMES

Lorsque toutes les parties ont exposé leurs positions, le moment est venu d'argumenter à l'appui de faits et d'hypothèses. Cette phase de débats est cruciale dans un processus de négociation. Utilisez-la pour rechercher un terrain d'entente et conforter votre position.

La discussion peut facilement devenir émotionnelle et houleuse en cas d'accusations et de contre-accusations. Veillez toutefois à toujours maintenir le calme. Si vous êtes frustré ou en colère, essayez de le cacher. Ne comptez pas les points gagnés sur l'adversaire, tentez plutôt de trouver des terrains d'entente. Si l'adversaire fait une erreur, sachez que cela vous avantage, mais donnez-lui l'occasion de se rétracter sans perdre la face. Il est souvent préférable de commencer par les points de consensus avant d'aborder les sujets de controverse.

RENFORCER SA POSITION

Prendre l'avantage dans une négociation renforce immédiatement une argumentation. Exposez autant de points que possible venant conforter votre position afin de subjuguer votre adversaire par la force et la précision de votre dossier.

> **63** À l'aide de répétitions et d'un langage du corps positif insistez sur vos points clés.

CONSERVER L'AVANTAGE

La force est une question de pouvoir, celui que vous pouvez exercer pour orienter le résultat d'une négociation. Après avoir exposé un argument particulièrement puissant, préservez la position forte qu'il vous confère en rappelant à votre adversaire les désavantages d'un refus de sa part, et essayez de l'aider à revoir sa position. Vous renforcerez ainsi les relations entre les participants et éviterez l'écueil d'une impasse.

La discussion démarre trop tôt et chacun se retranche sur ses positions.

Des concessions sont faites pour éviter l'impasse.

Les négociations s'engagent de manière positive.

La discussion reprend.

Les négociations se bloquent en impasse.

La partie adverse veut quitter la réunion.

64 Si le débat nécessite l'arbitrage d'un médiateur, faites appel à une tierce personne.

65 Ne portez jamais atteinte à la dignité de la partie adverse.

GARDER LE CONTRÔLE

Négocier est parfois très stressant. À l'anxiété concernant l'issue de la négociation peuvent s'ajouter les pressions de vos pairs et la volonté de vous présenter sous votre meilleur jour. Il arrive qu'une négociation se focalise sur un sujet d'ordre émotif ou que les tactiques de votre adversaire vous donnent un sentiment de trahison. Ne prenez jamais les choses sur un plan personnel ; vous pourriez perdre le contrôle de la situation. Concentrez-vous sur les questions débattues et, au besoin, réaffirmez fermement votre position. Évitez de critiquer un adversaire et n'employez jamais d'insultes autour d'une table de négociation. Si vous devez faire des concessions pour que la négociation ne tourne pas à l'impasse, accompagnez-les de conditions. Ainsi, vous n'aurez pas cédé de terrain sans recevoir de compensation. Pensez sur le long terme et rappelez-vous que les compromis sont une bonne tactique pour trouver un accord.

Un accord est conclu.

Les derniers points du marché sont discutés.

▲ CONCLURE UN MARCHÉ

Ce schéma illustre les deux voies que peut emprunter une négociation. Malgré un début positif, la discussion peut tourner à l'impasse. Dans ce scénario, les négociateurs évitent le blocage en faisant chacun des concessions et des compromis sur des points mineurs afin de trouver un accord satisfaisant qui convienne aux deux parties.

POINTS À RETENIR

● Réaffirmez régulièrement votre position d'une voix forte mais calme, ferme mais sans agressivité.
● Insistez sur les points positifs pour faire oublier les points négatifs.
● Reconnaissez immédiatement vos erreurs de sorte que la négociation se poursuive dans un climat de confiance.
● L'arrogance peut diminuer vos chances de trouver un accord avec la partie adverse.
● Un marché se conclut, il ne se gagne pas. La partie adverse doit être convaincue que les bénéfices sont partagés.
● Gardez fermement ancré à l'esprit votre objectif de départ.

AFFAIBLIR LA POSITION DE LA PARTIE ADVERSE

Pour obtenir des résultats satisfaisants lors d'une négociation, renforcez votre position tout en cherchant à affaiblir celle de votre adversaire. Servez-vous d'une ou de plusieurs tactiques pour diminuer son influence dans la négociation.

66 Lorsque la partie adverse perd du terrain, enfoncez le clou à votre avantage.

DÉSTABILISER L'ADVERSAIRE

Lorsque vous négociez, essayez de saper la confiance de votre adversaire, voire sa crédibilité, mais uniquement en mettant en doute la validité de ses informations. Testez en permanence la pertinence de l'argumentation adverse ; recherchez ses points faibles, tels que des erreurs de logique, une mauvaise interprétation de chiffres, des faits omis et des intentions cachées. Évitez toute attaque personnelle. Vous risquez l'affrontement si votre adversaire répond sur le même registre. De plus, vous ne vous attirerez pas la sympathie d'un tiers si vous avez lancé contre lui des attaques injustifiées.

67 Évitez de négocier des points importants en fin de journée lorsque votre énergie diminue.

JOUER SUR LES ÉMOTIONS

Une démonstration d'émotion autour d'une table de négociation peut convaincre de vos bons sentiments et de votre honnêteté et vous aider à affaiblir la position de la partie adverse. Toutefois, utilisez cette tactique avec parcimonie car elle devient totalement inefficace si elle se répète trop souvent. Un éclat émotionnel peut aussi se retourner contre vous et, au lieu d'attendrir la partie adverse, l'énerver et mener la négociation à l'impasse.

68 Sondez en permanence la partie adverse pour détecter ses faiblesses.

DÉTECTER LES ERREURS

Déceler des erreurs de logique ou de faits dans les propos de votre adversaire est un excellent moyen de l'affaiblir. Essayez de détecter tout usage sélectif de chiffres ; si les chiffres présentés semblent trop beaux pour être vrais, sondez plus avant afin de lever le voile sur ceux passés sous silence. Il est possible qu'on vous cache les mauvaises nouvelles. En cas d'omission flagrante, attirez immédiatement l'attention de tous les participants.

POINTS À RETENIR

- Les menaces n'affaiblissent pas obligatoirement l'adversaire et peuvent se retourner contre vous.
- Une négociation avec des employés en grève ne s'entame que si ces employés ont déjà fait pression sur leur adversaire.
- Une équipe de travail peut vous aider à influencer l'adversaire.

EMPLOYER DES TACTIQUES POUR AFFAIBLIR SON ADVERSAIRE

TYPE DE TACTIQUE	EXEMPLES D'EMPLOI DE CES TACTIQUES
FINANCIÈRE Imposer des frais à l'une ou l'autre partie en cas de non-conclusion d'accord.	• Informer les autres parties en présence qu'elles encourent des frais si, par exemple, les marchandises doivent rester stockées dans un entrepôt tant qu'un propriétaire n'a pas été nommé. • Signaler aux autres parties qu'une prolongation des négociations entraîne des frais non compressibles.
JURIDIQUE Intenter un procès à l'une des parties pour dissuader les autres de s'engager dans une certaine voie.	• Prendre des dispositions pour empêcher les parties d'entamer un procès en cas de litige. • Inciter aux litiges pour retarder la production et provoquer des pertes financières.
SOCIALE Imposer des restrictions en désapprouvant une ligne de conduite pour des raisons morales.	• Signaler à vos adversaires que leurs propositions sont une insulte pour ceux auxquels elles s'appliqueront. • Démontrer à quel point les propositions sont inéquitables par rapport à ce que reçoivent d'autres personnes.
HUMILIATION Humilier publiquement l'une des parties ou un individu devant ses pairs.	• Humilier un adversaire afin de ternir son image ou sa réputation. Cela peut nuire longtemps à la crédibilité de votre adversaire, les répercussions sur son activité seront probablement nulles. Sachez également que la partie adverse peut tenter par la suite de se venger de cette humiliation.
ÉMOTIONNELLE Amener les adversaires à se sentir coupables s'ils ne font pas de concessions.	• Si votre adversaire ne cède pas suffisamment de terrain, essayez le chantage émotionnel. Mais cette tactique n'est pas toujours efficace. Une personne qui sent qu'elle a été manipulée sur le plan émotionnel est parfois encore moins encline à faire des concessions par la suite.

CLORE UNE NÉGOCIATION

Une négociation ne peut aboutir à une conclusion satisfaisante que si toutes les parties impliquées ont fait des concessions mutuellement acceptables en vue de trouver un accord.

FAIRE DES COMPROMIS

Les compromis sont des procédés délicats de marchandage par lesquels chaque partie fait des concessions pour conclure un accord. Mais lorsque vous êtes en position de faiblesse ou que votre principal objectif est de réduire les pertes, marchander devient stressant et coûteux.

69 Commencez par des concessions mineures, il se peut que vous n'ayez pas à en faire plus.

70 Concédez un point en regardant l'adversaire pour signifier que vous perdez beaucoup.

FAIRE DES CONCESSIONS

Si vous devez faire des concessions, adoptez une perspective de long terme. Essayez de garder un certain contrôle de la situation de l'une des manières suivantes :

● évaluez quelle portion de terrain vous devez céder (attribuez une valeur à ce que vous êtes prêt à donner de façon à comparer avec ce que la partie adverse vous concède) ;

● faites des compromis sans perdre la face. Par exemple, si vous devez revenir sur un point que vous aviez présenté comme non discutable, dites : « Étant donné que vous avez changé de position concernant…, nous pouvons changer la nôtre pour… »

FAIRE DES PROPOSITIONS SOUMISES À CONDITIONS

Pour tester la souplesse de vos adversaires, commencez par des propositions soumises à conditions avant de passer aux concessions. Dans les phrases ci-dessous, le mot « si » est important car, sans vous engager, il vous aide à identifier les points auxquels la partie adverse tient plus particulièrement.

« Si vous nous laissez Rome et le cargo, nous vous offrons un million de plus. »

« Si vous passez une commande ferme, je vous fais une réduction de vingt pour cent. »

« Si je vous accorde quatre-vingt-dix jours de crédit au lieu de soixante, compenserez-vous financièrement les intérêts que vous économisez ? »

DISCUTER DES TERMES D'UN ACCORD

En fin de négociation, vous devez discuter des termes de l'accord. Servez-vous de propositions sous conditions pour établir un accord de base. Les termes de l'accord doivent stipuler le mode de paiement, l'échéancier de règlement, la durée de validité de l'accord avant révision et la procédure à suivre en cas de problème lors de la mise en application de l'accord (si un arbitrage doit être envisagé, par exemple).

71

Ne cédez pas de terrain sans contrepartie.

SAVOIR ▶ MARCHANDER

Voici un exemple de négociation réussie. Le vendeur évalue ce que la cliente est prête à payer et la cliente obtient ce qu'elle souhaite en respectant son budget.

ÉTUDE DE CAS

Jeanne veut acheter le tapis rouge exposé dans une vitrine. Elle entre dans la boutique et demande le prix du tapis. Le vendeur ne lui répond pas (il sait qu'il a payé le tapis 900 francs), il lui propose une tasse de café.

Jeanne commence à faire marche arrière en disant qu'en fait elle recherche un tapis avec un peu plus de brun. « J'ai de superbes tapis bruns », dit le vendeur, et il propose de les lui montrer. Jeanne recule encore en précisant qu'elle aimerait un tapis à poils plus longs, et le vendeur lui annonce qu'il a des tapis de ce genre.

Jeanne décide alors de négocier le tapis rouge. Elle demande une fois de plus son prix. Le vendeur lui annonce 4 000 francs. « C'est trop cher », dit Jeanne, et elle propose 1 800 francs. tout en s'éloignant. « Je vous le laisse pour 2 900 », dit le vendeur. « Non merci », répond Jeanne en se dirigeant vers la sortie. Pensant qu'il allait rater une vente, le vendeur accepte les 1 800 francs, doublant ainsi sa mise de départ.

NÉGOCIER UN MARCHÉ GLOBAL

En fin de négociation, commencez à discuter les termes de l'accord en rassemblant tous les points négociés. Regroupez ceux de même type au lieu de les négocier un par un. Vous réduirez ainsi l'impact de vos concessions en cédant du terrain sur des points mineurs sans vous éloigner de votre principal objectif. Par exemple, ne focalisez pas sur une augmentation de salaire. Associez le salaire à une demande de congés supplémentaires, de meilleurs plans de retraite et d'assurances maladie plus intéressantes. Cédez éventuellement du terrain sur les congés payés et les plans de retraite afin d'atteindre votre principal objectif, la réduction du temps de travail. Négocier un marché global est aussi une bonne méthode pour découvrir les priorités de la partie adverse. Ainsi, vous pourrez négocier avec un interlocuteur qui veut remplir un cargo à moitié vide et ne se soucie pas du prix d'expédition à l'unité des marchandises.

72 Faites des concessions sur un point mineur pour rester intransigeant sur un point essentiel.

73 Pour sortir d'une impasse, rappelez les points d'accord mutuel déjà trouvés.

SE CONCENTRER SUR LES ▶ ÉLÉMENTS D'UN MARCHÉ GLOBAL

Ce camembert donne un exemple du temps accordé aux divers éléments d'un marché global portant sur les salaires et les avantages consentis aux salariés lors d'une négociation entre des représentants d'un employeur et ceux du personnel. Une grande partie du temps a été consacrée aux salaires, priorité essentielle des salariés. Ces derniers étaient prêts à faire des concessions sur les congés et les plans de retraite pour accorder plus de temps à leur principal objectif.

Légende

- Assurances maladie
- Plans de retraite
- Congés
- Heures travaillées
- Salaires

Les plans de retraite étan[t] de faible priorité, ils ont été rapidement traités.

Les assurances maladie étant de faible priorité, peu de temps leur a été accordé.

Les congés étan[t] faible priorité, i[ls] ont été traités a[ussi] vite que les plan[s] de retraite.

Le nombre d'heures travaillées étant un point important, une grande partie du temps de négociation lui a été accordé.

Les salaires du personnel étant le point essentiel, la majeure partie de la discussion leur a été consacrée.

ÉVITER UN REFUS

Un marché global présente l'avantage de pouvoir rejeter des points mineurs sans perdre la face et de faire des propositions sous conditions permettant d'affiner la négociation jusqu'à trouver un compromis. Les réactions de votre adversaire à vos propositions vous donnent l'occasion de cerner ce qu'il est prêt à accepter. Évitez un rejet de votre proposition finale. Cela vous affaiblirait et le rétablissement de l'équilibre des pouvoirs pourrait s'avérer difficile. Par exemple, si la partie adverse dit « Votre dernière offre de 2 400 francs est inacceptable », répondre « Et si nous proposions 3 000 francs, » ne ferait que saper votre crédibilité. Évitez les refus catégoriques en affinant la globalité de votre marché à mesure que vous approchez d'un accord.

POINTS À RETENIR

- Chaque partie doit exprimer clairement ses objectifs.
- Toutes vos remarques doivent être précédées de conditions.
- Tenez compte des conséquences d'un échec.
- Lorsqu'il devient plus difficile d'extirper des concessions à la partie adverse, c'est le moment de faire votre proposition finale.
- Une proposition finale ne doit être faite que dans un esprit de coopération et de réceptivité.
- Vous devez convaincre la partie adverse que votre proposition finale est sincère.
- Autorisez un ajournement pour que la partie adverse puisse réfléchir et se concerter à propos de votre proposition finale.

ENREGISTRER UN MARCHÉ

Une fois les négociations terminées, résumez par écrit l'accord conclu et faites-le ratifier de tous. Vous éviterez ainsi tout risque de confusion et d'hostilité ultérieures. N'oubliez pas que ce résumé doit clairement stipuler qui a obtenu quoi, comment et quand, ainsi que les actions à mettre en œuvre. Toutes les parties concernées doivent signer l'accord. À ce stade, toute ambiguïté sur des termes tels que « adéquat », « honnête » ou · « conséquent » doit être levée. Si vous n'avez pas le temps de faire signer l'accord à toutes les parties concernées, enregistrez les résultats des négociations (sur un ordinateur portatif, un magnétophone à cassettes ou par écrit), et faites rédiger un compte rendu détaillé juste après la réunion. Envoyez une copie de ce compte rendu aux parties concernées et demandez-leur de confirmer par écrit l'exactitude et la validité des faits mentionnés. Il est essentiel de distribuer très vite ce compte rendu car en cas de doute ou de désaccord, vous pourrez rouvrir sans tarder les négociations pour résoudre rapidement le problème.

UTILISER UN ▶ ORDINATEUR PORTATIF

Servez-vous d'un ordinateur portatif pour prendre des notes et enregistrer les accords pris lors d'une négociation.

CONCLURE UNE NÉGOCIATION

Lorsque vous approchez d'un accord, vérifiez que toutes les parties ont parfaitement compris les points discutés et confirment les accords pris. Vous pouvez alors clore la négociation de plusieurs manières ; choisissez celle qui vous convient le mieux.

74 Enregistrez soigneusement tous les accords arrêtés au moment de la clôture de la négociation.

75 Revoyez vos notes concernant le début de la négociation.

RÉGLER TOUS LES PROBLÈMES

Avant de clore une négociation, il est essentiel de s'assurer que tous les problèmes importants ont bien été réglés et que vos jugements et vos décisions n'ont pas été influencés par des tactiques de négociation de la partie adverse. Avez-vous tenu bon pour augmenter un prix pour une question de profit ou simplement pour que la partie adverse n'ait pas l'impression de vous avoir battu ?

CONFIRMER LES TERMES DE L'ACCORD

À ce stade d'une négociation, il est important de vérifier que toutes les parties intéressées parlent bien de la même chose. Analysez les termes dans lesquels vous prévoyez de rédiger l'accord définitif. Si vous établissez un accord commercial, définissez les termes clés ou employez un langage compris de tous. Il est essentiel que vos termes soit clairement et précisément enregistrés car toutes les parties seront tenues de respecter ces conditions en cas de litige. Vérifier que toutes les parties comprennent bien les termes de l'accord permet aussi de déceler les éventuelles incompréhensions qui auraient pu vous échapper. Au moment de clore une négociation, tous les problèmes doivent être résolus, ce qui peut vous amener, ainsi que les autres parties, à faire de nouvelles concessions.

76 Notez et définissez tous les mots qui, sous forme écrite, peuvent se révéler ambigus.

77 Ne laissez pas des problèmes de côté sous prétexte d'accélérer la négociation.

MÉTHODES DE CLÔTURE D'UNE NÉGOCIATION

MÉTHODE	FACTEURS À PRENDRE EN COMPTE
PROPOSER DES CONCESSIONS ACCEPTABLES POUR TOUS Proposer et accepter des concessions qui aident à conclure sans vous mettre en mauvaise posture.	● Poursuivre une négociation peut permettre de sortir d'une impasse. ● La partie adverse peut être tentée d'obtenir encore plus de concessions. ● Faire des concessions en fin de négociation risque de nuire à votre crédibilité.
COUPER LA POIRE EN DEUX ENTRE LES PARTIES CONCERNÉES Trouver un terrain d'entente pour que les parties impliquées dans la négociation s'accordent sur un juste milieu en vue de conclure un accord.	● Il est quelquefois difficile de répartir équitablement les avantages et désavantages entre toutes les parties concernées. ● Indique que vous êtes prêt à faire des concessions. ● La négociation se termine sans gagnant ni perdant.
DONNER À L'UNE DES PARTIES LE CHOIX ENTRE DEUX SOLUTIONS RAISONNABLES Encourager la partie adverse à faire un pas en lui offrant deux possibilités.	● Indique que votre « dernière » offre n'était pas vraiment la dernière. ● Trouver deux solutions acceptables n'est pas toujours facile. ● Vous n'avez aucune garantie que la partie adverse acceptera l'une des deux solutions.
PROPOSER DE NOUVELLES RÉCOMPENSES OU SANCTIONS Faire pression sur la partie adverse à l'aide de nouvelles récompenses ou sanctions.	● La menace de sanctions peut être un signe d'hostilité pour la partie adverse. ● Proposer de nouveaux avantages risque de modifier complètement l'équilibre des pouvoirs. ● Peut amener la partie adverse à conclure un accord.
INTRODUIRE DE NOUVELLES IDÉES OU DE NOUVEAUX FAITS À UNE ÉTAPE AVANCÉE DE LA DISCUSSION Apporter de nouvelles idées pouvant inciter à la discussion et conduire à un accord.	● Permet à la partie adverse d'envisager d'autres concessions possibles. ● Risque de nuire à votre crédibilité ; ces idées auraient dû être émises bien plus tôt. ● Risque de saper les bases de la négociation et de vous ramener à votre point de départ.
PROPOSER UN AJOURNEMENT SI LA DISCUSSION ARRIVE À L'IMPASSE Un ajournement permet à chaque partie impliquée de réfléchir aux conséquences si aucun accord n'est conclu.	● Permet à chaque partie de demander un conseil extérieur. ● Certaines circonstances peuvent amener des parties à revoir leurs positions. ● Il peut s'avérer très difficile de fixer une autre date de réunion.

APPROCHER D'UNE CONCLUSION

Lorsque vous avez choisi comment clore la négociation, faites-le, mais soyez réceptif aux changements d'humeur de la partie adverse. Le succès ou l'échec d'une négociation peut dépendre du moment où vous faites votre dernière offre ; choisissez de préférence une phase optimiste des discussions.

CHOISIR LE MOMENT DE SA DERNIÈRE OFFRE

Présentée au mauvais moment, une offre risque d'être rejetée alors qu'à un moment bien choisi, elle serait acceptée. Faites votre dernière offre lorsque la partie adverse semble réceptive, et créez une bonne atmosphère. Pour ce faire :

● Complimentez la partie adverse : « Très bon votre argument, je peux donc vous offrir... »
● Sous-estimez-vous : « J'ai bien peur d'avoir été incapable de proposer des idées lumineuses, mais il me semble que nous serons d'accord pour... ».
● Insistez sur l'énorme chemin parcouru ensemble : « Aujourd'hui nous avons fait un grand pas et je peux vous offrir... »

78 Lorsque vous concluez une négociation, soyez ferme mais pas agressif.

79 Assurez-vous que votre interlocuteur a tous pouvoirs pour conclure le marché.

▼ CONCLURE UN MARCHÉ
Lorsqu'une équipe de négociateurs est sur le point de conclure, elle se tourne vers son leader pour qu'il fasse le premier pas.

Le leader résume et fait la dernière offre.

Le langage du corps exprime le soutien.

Un membre de l'équipe assiste le leader avec ses notes.

S'ACHEMINER VERS UNE OFFRE

Lorsque la conclusion arrive, attention au « loup qui hurle ». En début de négociation vous avez peut-être présenté certaines propositions comme définitives. Cette tactique est souvent employée, mais ne figez pas trop ces propositions si vous savez qu'elles ne sont pas vraiment définitives car votre adversaire ne vous croira pas lorsque vous ferez votre « toute dernière offre ». Indiquez que vous préférez ne pas conclure de marché que de faire d'autre compromis.

80 Lorsque vous soumettez votre dernière offre, observez la partie adverse.

81 Si un marché ne vous convient pas, ne le signez surtout pas.

POINTS À RETENIR

- Si vous avez crié haut et fort concernant une offre que c'est votre dernière, vous ne pouvez plus proposer autre chose.
- Le langage du corps de tous les membres constituant votre équipe doit confirmer que c'est bien votre dernière offre.
- Si vous précipitez la fin de la négociation, vous risquez de le regretter plus tard.

FAIRE UNE DERNIÈRE OFFRE

Pesez vos mots, surveillez votre ton de voix et votre langage du corps de sorte que la partie adverse sache que c'est votre « toute dernière offre ». Ayez l'air catégorique : rassemblez vos documents, levez-vous, marchez et donnez l'impression de partir (contrairement à vos précédentes propositions faites nonchalamment adossé dans votre siège, indiquant ainsi que vous étiez prêt à poursuivre la négociation). Prenez un ton d'urgence et de fermeté mais ne vous précipitez pas pour conclure.

RENFORCER UNE DERNIÈRE OFFRE

Par une phrase bien choisie, indiquez que vous êtes sur le point de faire votre dernière offre. Soyez ferme et sans équivoque et renforcez son impact en restant très calme, en adoptant un ton autoritaire et en maintenant le contact du regard.

66 Je ne suis pas autorisé par ma direction à faire une autre proposition. 99

66 C'est ma toute dernière offre et je ne peux en aucun cas aller plus loin. 99

66 Je suis déjà allé bien plus loin que je ne le pensais. 99

66 Il me reste peu de temps. Acceptez car je dois vous quitter pour me rendre à une autre réunion. 99

ENCOURAGER LA CLÔTURE D'UNE NÉGOCIATION

Il est possible que l'adversaire accepte sans réserve votre dernière offre. Sinon, vous pouvez le pousser à vous faire une offre acceptable. Cherchez des éléments, même les plus anodins, qu'il n'aurait pas envisagés et qui pourraient vous aider à trouver un accord. Essayez de vous mettre à sa place et de comprendre ce qui l'empêche de conclure.

82 Insistez sur les points d'entente trouvés lors des discussions.

AIDER LA PARTIE ADVERSE À S'ACHEMINER VERS UNE CONCLUSION

MÉTHODE	RÉSULTATS
INSISTER SUR LES AVANTAGES Présentez en détail à la partie adverse tous les avantages que présente le marché proposé. Évitez toutefois de mentionner les avantages qu'il présente également en votre faveur.	● Aide la partie adverse à voir des avantages qu'elle n'avait pas envisagés concernant l'accord. ● Crée une situation de gagnant/gagnant au lieu de gagnant/perdant.
ENCOURAGER ET APPLAUDIR Félicitez la partie adverse de toute proposition constructive même tardive. Si vous n'êtes pas d'accord, vous pourrez toujours la rejeter par la suite.	● Créer un climat positif permettant aux négociations d'arriver à leur terme. ● Vous permet d'éviter les critiques concernant vos contre-propositions. ● Évite de créer avec la partie adverse un conflit sur un point critique du débat.
ÉVITER LA SITUATION GAGNANT/PERDANT Insistez sur le fait que vous souhaitez trouver un accord équitable. Ne forcez pas vos adversaires à accepter un accord qui par la suite leur semblera imposé.	● Évite la confrontation qui risque d'accroître l'hostilité et de mener la négociation à l'impasse. ● Entretient un climat de détente favorable à une discussion constructive. ● Permet de faire des contre-propositions.
SAUVER LA FACE Offrez à la partie adverse des échappatoires sous forme de questions soumises à conditions ou de propositions hypothétiques du type « Que penserez-vous de… » ou « Et si nous… ».	● Augmente vos chances que la partie adverse accorde du crédit à vos propositions. ● Réduit la pression sur la partie adverse pour qu'elle accepte ou refuse vos propositions et peut la mener à prendre plus vite une décision.

S'ACHEMINER VERS UN COMPROMIS

À chaque stade de la négociation, essayez de cultiver le compromis. À l'approche de la conclusion, la partie adverse doit savoir que vous négociez avec souplesse d'esprit et sans dogmatisme. Si les débats se sont bien déroulés, un climat de compromis s'est naturellement développé. Chaque partie s'est rendue compte que l'argumentation de l'autre contient des éléments en sa faveur et que chacun doit faire des compromis sur certains points. Même en fin de négociation, essayez de tenir bon sur des broutilles (des éléments mineurs faciles à concéder) que vous pourrez, au besoin, marchander en dernier recours. Ne répondez pas trop vite aux offres de la partie adverse. Elle peut encore suggérer une nouvelle approche à laquelle vous n'aviez pas pensé jusqu'à présent.

83 Essayez de comprendre pourquoi la partie adverse hésite.

84 Convenez d'une date pour revoir les concessions faites pour sortir d'une impasse.

POINTS À RETENIR

- Un peu d'ambiguïté peut renforcer une proposition. Comme dit le dicton, « la roue de la diplomatie est graissée par l'ambiguïté ».
- Un bond soudain en avant risque d'effrayer votre adversaire. Il est préférable d'avancer doucement.
- « Il est plus sage de vendre la laine que le mouton, » dit-on. Ne faites pas des concessions que sur des points mineurs.
- Évitez de faire la loi avec des phrases du type : « J'insiste sur… ».

85 Soyez poli mais obstiné. Vous y gagnerez le respect.

VAINCRE LES HÉSITATIONS DE DERNIÈRE MINUTE

Autour d'une table de réunion, les nerfs sont toujours à fleur de peau lorsque la conclusion approche. Le moment qui sépare l'accord verbal de sa ratification sur papier est particulièrement délicat. Les négociateurs deviennent nerveux et essaient parfois de faire machine arrière.
Si la partie adverse se montre hésitante, essayez de sympathiser. Rappelez que le marché conclu implique des changements pour vous aussi et que vous êtes nerveux. Si la partie adverse persiste à se rétracter, signalez que cette attitude risque de ternir leur réputation par une image de manque de fiabilité et de leur nuire lors de futures négociations. Même si votre position vous permet d'imposer le marché malgré les objections, n'oubliez pas qu'une telle marque d'autorité peut vous porter préjudice si vous devez ultérieurement négocier avec les mêmes personnes.

UNE RUPTURE DE NÉGOCIATION

Si les négociations sont rompues, vous devez réagir immédiatement pour que la situation ne devienne pas irréversible. Plus vous laissez traîner d'amertume, plus la situation s'envenime et plus il est difficile de rétablir l'équilibre dans les débats.

86 Évitez d'appliquer la loi du talion.

▼ QUITTER EN COLÈRE LA TABLE DES NÉGOCIATIONS
Une négociation est souvent rompue lorsqu'une personne en colère se lève et quitte la réunion. Dans ce cas, les autres doivent réfléchir à comment rétablir la communication.

LIMITER LES DÉGÂTS

Pour limiter les dégâts en cas de rupture de négociation, les deux parties impliquées doivent rétablir la communication au plus vite. La meilleure méthode est une réunion en tête à tête. Toutefois, si la rupture a été emprunte d'amertume, il est souvent plus judicieux d'ébaucher une réconciliation par écrit. L'idéal dans ce cas est le courrier électronique qui permet de communiquer rapidement et en toute confidentialité.

Une négociatrice mécontente refuse de poursuivre la discussion.

Un membre de son équipe explique sa réaction.

Le leader de l'équipe adverse répond avec colère à cette attitude.

Un membre de l'équipe adverse se lève pour tenter de rétablir la situation.

RÉGLER UN DIFFÉREND

En cas de rupture de négociation, essayez de rétablir la situation sans aide extérieure. Si un membre d'une équipe quitte la réunion, persuadez ses collègues de le décider à revenir. Si toute une équipe quitte la salle, chargez la personne de votre équipe qui entretient les meilleures relations avec l'équipe adverse (peut-être celle qui joue le rôle du bon) de les rattraper immédiatement. Ne laissez pas une situation de rupture s'installer s'il est plus important pour vous de conclure que de céder sur le dernier point discuté. Lorsque vous ne pouvez pas résoudre le problème en interne, envisagez de faire appel à un tiers tel un conciliateur, un médiateur ou un arbitre.

87 Ne vous confondez pas en excuses une fois que l'ordre a été rétabli.

◄ ORCHESTRER UNE RUPTURE
L'objectif de Martin étant de préserver ses relations avec l'entreprise de Kim, il a eu tort de quitter la réunion par dépit. Ce geste compromet l'avenir de ses relations et il aurait été préférable de faire appel à un tiers.

ÉTUDE DE CAS
Martin s'est rendu à Taïwan pour demander à Kim que son entreprise rembourse à son employeur un lot de bicyclettes défectueuses. Martin sait très bien que d'autres fournisseurs seraient ravis de leur vendre des bicyclettes, mais il ne veut pas gâcher les bonnes relations établies de longue date avec Kim.
Kim n'a pas le pouvoir financier d'offrir à Martin les compensations qu'il réclame, mais elle lui propose de remplacer les bicyclettes. Martin répond que ce n'est
pas suffisant car son entreprise doit regagner la confiance de ses clients qui ont acheté une bicyclette défectueuse.
Martin avait réservé une place dans un avion qui décollait trois heures plus tard et ne voyait pas l'intérêt d'écouter poliment les réponses évasives de Kim. Il s'est donc levé très en colère et a quitté la pièce. Kim était ennuyée, mais elle ne voulait pas perdre la face en se précipitant derrière son ami pour le convaincre de revenir. Depuis, Martin achète ses bicyclettes aux États-Unis et l'entreprise de Kim en a beaucoup pâti.

88 Si un de leurs membres quitte la salle, prenez contact avec la partie adverse.

89 Convenez immédiatement d'une date de reprise des discussions.

FAIRE FACE À UNE RUPTURE INTENTIONNELLE DE NÉGOCIATION

Il arrive que l'une des parties souhaite ardemment rompre la négociation. Si votre équipe donne une information inattendue qui ébranle la position de vos adversaires, ils peuvent décider d'abandonner sur le champ et demander un ajournement, ou s'arranger pour provoquer une rupture de négociation. Même si cette méthode n'est pas très efficace, ils peuvent avoir le sentiment qu'ils n'ont rien à gagner à poursuivre la négociation. Si cela se produit, restez calme et essayez d'arranger les choses par la réconciliation.

FAIRE APPEL À UN MÉDIATEUR

*L*orsque vous avez exploré tous les terrains possibles et que les parties impliquées n'arrivent toujours pas à un accord, il est temps de faire appel à un médiateur. Des participants qui acceptent un médiateur prouvent leur bonne volonté à débloquer la situation.

90 Considérez l'intervention d'un tiers comme un point positif et non comme un échec.

91 Réfléchissez bien avant d'appeler un médiateur, car c'est très onéreux.

COMPRENDRE LE PRINCIPE DE LA MÉDIATION

Une médiation est un principe qui permet, dans les situations d'impasse, de faire intervenir un tiers, accepté de toutes les parties impliquées, mais dont les recommandations ne sont pas imposées. Le médiateur fait office d'arbitre entre les parties et essaie de trouver des points d'entente dans leurs argumentations. Une fois les points d'entente établis, le médiateur peut proposer des solutions acceptables pour tous afin de sortir de l'impasse.

RÔLE DU MÉDIATEUR ▼
Le médiateur n'a pas de préjugés, il envisage les problèmes sous tous les angles, est accepté de tous, comprend les différends débattus, aide les parties à trouver des solutions et donne des recommandations.

Aide toutes les parties à se comprendre mutuellement.

Considère les problèmes sous tous les angles.

Toujours impartial

Aide les parties à trouver leurs propres solutions.

Suggère d'autres solutions.

Explique les problèmes à chacune des parties impliquées.

CHOISIR UN MÉDIATEUR

Un médiateur doit être reconnu par les deux parties impliquées comme étant sans préjugés et suffisamment documenté et informé sur les questions à négocier pour émettre des recommandations sensées et pertinentes. Il est tentant de porter son choix sur une personne faisant autorité (un employé de longue date expérimenté dans le domaine ou un diplomate à la retraite, par exemple). Même si l'autorité du médiateur peut influencer l'issue de la négociation, sa capacité à se prononcer est limitée s'il n'est pas capable de recommander une solution. Envisagez de faire intervenir une personne moins influente, quelqu'un qui, par exemple, sait penser de manière latérale, n'a pas de préjugés sur la situation et peut apporter diverses suggestions pour sortir de l'impasse.

92 Veillez à ce que le médiateur intervienne tant que les parties ont encore la volonté de négocier.

93 Pour sortir d'une impasse, tenez même compte de suggestions non conventionnelles.

DÉVELOPPER LE RÔLE DU NÉGOCIATEUR-MÉDIATEUR

Vous pouvez contribuer au bon déroulement d'une négociation en jouant deux rôles dès le début. Le premier est celui du négociateur attaché à des objectifs et le second celui du médiateur qui tente de concilier ses objectifs avec ceux de la partie adverse. En bref, essayez d'atteindre vos objectifs tout en recherchant des terrains d'entente et en proposant des recommandations acceptables pour toutes les parties impliquées.
Le rôle du négociateur-médiateur doit impérativement être attribué à une personne souple d'esprit et diplomate. Demandez-vous si votre personnalité est compatible avec ce double rôle : recherchez-vous l'équilibre dans votre vie et avez-vous tendance à penser « nous » plutôt que « je » ? N'attribuez pas ce rôle à un

membre de votre équipe réputé pour ses passages en force et son agressivité, il sera sans doute excellent pour tenir vos positions et faire des propositions, mais devra se tenir à l'écart en cas de rupture des négociations.

ÉQUILIBRER ▶ LES RÔLES
Dans le rôle de négociateur-médiateur, vous devez laisser de côté tout préjugé afin de défendre au mieux les intérêts de toutes les parties.

DEMANDER UN ARBITRAGE

En cas de rupture de négociation, vous pouvez résoudre le problème par le biais d'un arbitrage. Cela implique l'intervention d'un tiers chargé de vous aider à sortir de l'impasse et que toutes les parties impliquées se conforment à sa décision.

94 Cela vaut la peine de mettre le prix pour s'offrir un bon arbitrage.

95 Vérifiez que vous comprenez parfaitement le principe de l'arbitrage.

CHOISIR UN ARBITRE

Si vous avez besoin d'un arbitrage, plusieurs possibilités vous sont offertes. Demandez à une instance de votre corps de métier d'intervenir ou adressez-vous à un tribunal ou à un professionnel de l'arbitrage. Toutefois, ces procédures nécessitant l'intervention d'experts qualifiés et l'établissement d'accords officiels sont longues et coûteuses, aussi vérifiez que vous n'avez vraiment pas d'autre solution pour résoudre la situation.

RÔLE D'UN ARBITRE▼
L'arbitre idéal est dépourvu de préjugés, respecté de toutes les parties impliquées, habilité à émettre des jugements et capable de discrétion.

Aide les parties impliquées à trouver leurs propres solutions.

Impartial tout au long des négociations

Bien informé des questions en cours

Tranche entre les deux parties.

Tient compte de tous les aspects du problème responsable de l'impasse.

Prend des décisions exécutoires applicables par voie de justice.

AVANTAGES D'UN ARBITRE

Dans une négociation, l'arbitre est chargé de trouver un accord honorable pour toutes les parties impliquées, donc de faire prévaloir ce principe. En effet, l'arbitre empêche les négociateurs de quitter la table tant qu'un accord n'a pas été conclu même si, dans les cas extrêmes, une cour de justice doit venir entériner les décisions.

Rassemblez toutes les informations disponibles auprès des parties impliquées dans le conflit de sorte que l'arbitre puisse analyser la situation en détail. Cette procédure vous sera utile car l'arbitrage s'effectue après audience séparée de chacune des parties impliquées qui seules seront informées de la décision finale. Dans les litiges commerciaux ce point est particulièrement important ; bon nombre d'entreprises s'acharneront à éviter la publicité qui accompagne la majorité des décisions de justice.

POINTS À RETENIR

● Un arbitrage est judicieux lorsque les intérêts d'un grand nombre de négociateurs sont difficiles à démêler.

● Juristes et conseillers sont souvent les mieux placés pour faire office d'arbitre.

● Un arbitre fonctionne comme un juge. Sa décision peut être confirmée en cour de justice.

● Un arbitre peut décider comment répartir ses honoraires entre les parties concernées.

● Certains contrats précisent la procédure à suivre en cas de désaccord nécessitant un arbitrage.

96 Choisissez un arbitre en qui toutes les parties ont une totale confiance.

97 Au besoin, chargez un tiers de choisir l'arbitre pour vous.

ALLER EN JUSTICE POUR ENTÉRINER DES DÉCISIONS

Lorsque des négociateurs n'ont pas réussi à trouver un accord et que les jugements de tiers indépendants (médiateurs ou arbitres) ne sont pas acceptables, leur dernier recours consiste à faire appel à la justice. Toute procédure légale est coûteuse et expose les conflits sur la place publique. Les négociateurs étant alors confrontés à de nouvelles pressions inattendues, essayez d'abord de résoudre le problème par le biais d'un conseiller juridique avant de lancer une procédure de justice. Par exemple, une entreprise confrontée à un problème de trésorerie à court terme doit d'abord essayer de trouver un accord avec ses créanciers. Si le litige est porté en justice, l'entreprise court le risque d'être mise en faillite et de sortir perdante au même titre que ses créanciers.

APPLIQUER DES DÉCISIONS

Dès que vous avez conclu un accord, par
vous-même ou avec l'aide d'un tiers,
vous devez appliquer les décisions prises.
Établissez un plan d'action et chargez
certains membres de votre entreprise
de le mettre en œuvre.

98 Accordez-vous
sur l'ordre
d'exécution
du plan d'action.

99 Établissez le
planning définitif
de mise
en application
de l'accord.

S'ACCORDER SUR L'ORDRE D'EXÉCUTION

Quel que soit le marché conclu entre les parties
impliquées dans une négociation, ses termes doivent
être enregistrés et ratifiés en signe d'approbation et
d'accord multilatéral. Ensuite, vous devez vous
accorder sur la mise en application des décisions.
Vous pouvez charger une équipe interne d'appliquer
le plan d'action ou préférer faire appel à une équipe
indépendante pour superviser le projet. Déterminez
en amont si des sanctions doivent être appliquées
lorsque les décisions acceptées ne sont pas mises en
œuvre dans les délais fixés (ces sanctions peuvent
être des procès ou des pénalités financières). Des
problèmes inattendus émergeant souvent lors de la
mise en application d'un
accord, nommez un chef
d'équipe chargé de surveiller
rigoureusement le processus

ÉTUDE DE CAS
Stéphane, directeur d'une
petite agence d'architecture,
a remporté un concours de
réhabilitation et de
réaménagement d'un grand
immeuble de bureaux. Il a
négocié le calendrier et le
coût des travaux, et fixé
l'échéance de livraison à
six mois à compter de la
signature du contrat.
Sachant qu'il ne pourrait
effectuer seul ce travail, il a
embauché un dessinateur
pour l'aménagement
intérieur des bureaux et
une secrétaire
administrative pour

superviser le suivi du
dossier. Il a ainsi dégagé du
temps pour s'occuper de la
réhabilitation du bâtiment.
À mesure qu'il progressait,
Stéphane s'est rendu compte
qu'il n'aurait pas le temps
de s'occuper des équipes de
plombiers et d'électriciens
travaillant sur le bâtiment.
Il a donc chargé son
assistante de cette tâche, en
lui résumant soigneusement
la situation et en lui fixant
des délais à respecter
impérativement. Le travail
a été terminé avant la date
d'échéance et dans le
respect des budgets.

◀ **BIEN EXPLOITER
UNE ÉQUIPE**
*Une fois son accord négocié,
l'architecte a su exploiter au
mieux les talents de son équipe
en répartissant judicieusement
les responsabilités. Après avoir
revu sa stratégie, il l'a
soigneusement exposée à son
assistante et lui a fixé des
délais très stricts pour que le
travail soit terminé dans les
temps.*

Désigner une Équipe

L'équipe chargée de mettre en application un accord négocié doit être constituée de personnes n'ayant pas pris part aux négociations. Il est donc essentiel de leur fournir des informations claires et précises. Lorsque vous nommez une équipe et attribuez les tâches à effectuer, soyez très attentif à l'exposé du dossier. Qui est le plus compétent pour chaque tâche et qui doit savoir quoi ? Comment et de qui les membres de l'équipe recevront-ils leurs informations ? Quand ces informations seront-elles actualisées et combien de temps auront-ils pour réagir ?

100 Déterminez qui doit être informé régulièrement de la progression de l'accord.

101 La première impression donnée a autant d'importance que celle laissée.

Planifier la Mise en Œuvre

Tout accord pris autour d'une table de négociation doit être accompagné d'échéances et d'un plan d'action car le succès d'une négociation n'est effectif qu'une fois les décisions négociées appliquées. Vérifiez régulièrement la progression de votre plan d'action, tout décalage peut remettre en cause la globalité du marché, surtout si des concessions majeures ont été faites sous réserve d'une garantie de délais. Si d'autres problèmes surviennent, essayez de les résoudre en renégociant.

◄ RÉAGIR DE MANIÈRE POSITIVE
Autour d'une table de négociation, suscitez la bonne volonté en réagissant de manière positive et avec enthousiasme lorsque un accord définitif est trouvé concernant la mise en œuvre des décisions négociées. Souriez, échangez poignées de main et félicitations.

ÉVALUER SES CAPACITÉS

Au travail comme à la maison, vous devez fréquemment négocier. Pour augmenter vos chances de réussite, évaluez vos compétences en la matière à l'aide du test ci-dessous. Cochez l'option la plus proche de la réalité et soyez aussi honnête que possible. Si votre réponse est « Rarement », cochez la case 1 ; si c'est « Toujours », cochez la case 4, etc. Additionnez vos points, puis reportez-vous à l'encadré « Résultats » pour évaluer votre score. Servez-vous des réponses fournies pour identifier les points à améliorer.

OPTIONS
1 Jamais
2 Parfois
3 Souvent
4 Toujours

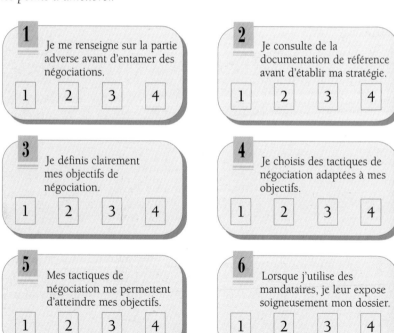

1 Je me renseigne sur la partie adverse avant d'entamer des négociations.

1 2 3 4

2 Je consulte de la documentation de référence avant d'établir ma stratégie.

1 2 3 4

3 Je définis clairement mes objectifs de négociation.

1 2 3 4

4 Je choisis des tactiques de négociation adaptées à mes objectifs.

1 2 3 4

5 Mes tactiques de négociation me permettent d'atteindre mes objectifs.

1 2 3 4

6 Lorsque j'utilise des mandataires, je leur expose soigneusement mon dossier.

1 2 3 4

7 Je donne aux mandataires toute l'autorité requise pour négocier.

1 2 3 4

8 Je fait preuve d'ouverture d'esprit en négociation.

1 2 3 4

9 Je suis convaincu que la négociation est bénéfique pour les deux parties.

1 2 3 4

10 J'entame des négociations, déterminé à trouver un bon accord.

1 2 3 4

11 Je m'exprime clairement et ne laisse subsister aucune ambiguïté.

1 2 3 4

12 Je m'exprime avec logique et rigueur et développe aisément mes arguments.

1 2 3 4

13 Je me sers du langage du corps pour communiquer avec la partie adverse.

1 2 3 4

14 J'évite d'exposer les faiblesses de la partie adverse.

1 2 3 4

15 Je reste courtois pendant toute la durée des négociations.

1 2 3 4

16 Je fixe des délais réalistes et négociés, qui peuvent être tenus sans problème.

1 2 3 4

17 Je me sers de mon instinct pour comprendre les tactiques de la partie adverse.

1 2 3 4

18 J'ai suffisamment de pouvoir pour prendre des décisions lorsque c'est nécessaire.

1 2 3 4

19 Je suis réceptif aux différences culturelles concernant la partie adverse.

1 2 3 4

20 Je suis efficace et tiens bien ma place dans une équipe de négociateurs.

1 2 3 4

21 Je suis capable d'être objectif et de me mettre à la place de la partie adverse.

1 2 3 4

22 Je sais comment manœuvrer pour que la partie adverse fasse une offre.

1 2 3 4

23 Dans la mesure du possible, j'évite toujours de faire la première offre.

1 2 3 4

24 Je progresse vers la conclusion par le biais de propositions conditionnelles.

1 2 3 4

25 Je m'approche de mes objectifs par étapes successives.

1 2 3 4

26 Je sais jouer de l'émotion et l'utilise dans le cadre d'une tactique.

1 2 3 4

27 Je résume régulièrement les progrès accomplis depuis le début des négociations.

| 1 | 2 | 3 | 4 |

28 Je me sers des ajournements comme tactique pour avoir le temps de réfléchir.

| 1 | 2 | 3 | 4 |

29 Je fais appel à un tiers en cas de rupture des négociations.

| 1 | 2 | 3 | 4 |

30 Je fais appel à un médiateur comme moyen efficace de sortir d'une impasse.

| 1 | 2 | 3 | 4 |

31 Je m'assure que tous les accords conclus sont signés par toutes les parties.

| 1 | 2 | 3 | 4 |

32 Chaque fois que possible, je m'arrange pour obtenir un bilan gagnant/gagnant.

| 1 | 2 | 3 | 4 |

RÉSULTATS

Une fois que vous avez répondu à toutes les questions, additionnez vos points et vérifiez vos performances d'après le total obtenu. Quels que soient vos résultats, n'oubliez pas que vous pouvez vous améliorer. Identifiez vos points faibles et reportez-vous dans ce livre aux paragraphes qui vous donneront des conseils et des trucs pour accroître vos compétences.

De **32 à 64** points. Vous avez de piètres compétences de négociateur. Apprenez à exploiter et à détecter les tactiques qui assurent la réussite d'une négociation.

De **65 à 95** points. Vous disposez de certaines compétences, mais des secteurs sont encore à améliorer.

De **96 à 128** points. Vous êtes un remarquable négociateur. Continuez de préparer consciencieusement toutes vos négociations.

INDEX

CRÉDITS PHOTOGRAPHIQUES

Photographies

Code : h *haut* ; b *bas* ; c *centre* ; d *droite* ; g *gauche*

L'ensemble des photographies a été réalisé par Steve Gordon, Andy Crawford, Tim Ridley et Jean-Luc Scotto assistés de Sarah Ashum, Nick Goodall et Lee Walsh excepté les photographies 4-5, 39 bd et couv. hd par Tony Stone Images.

Illustrations

L'ensemble des illustrations a été réalisé par Joanna Cameron, Yahya El-Droubie et Richard Tibbetts.

Directeur d'une société de conseil en affaires, *Working Words*, Tim Hindle, fort de son expérience dans l'étude et la rédaction de documents d'affaires aide les entreprises internationales à communiquer. En tant que conseiller éditorial et auteur, il a publié de nombreux ouvrages parmi lesquels *Pocket Manager*, *Pocket MBA* et *Pocket Finance*, publiés par *The Economist Group* au Royaume-Uni et par *Harvard Business Press* aux États-Unis, ainsi qu'une biographie d'Asil Nadir, *The Sultan of Berkely Square*, publiée par Macmillan and Pan.
Il a collaboré à *EuroBusiness* de 1994 à 1996 et écrit régulièrement dans *The Economist* depuis 1979.